ハイスコア
文法1級

日本語能力試験で差をつける
出題基準外の表現

落合太郎
原　直美

国書刊行会

はじめに

　ここ数年、日本語能力試験の受験を終えた学生たちから「文法が難しかった」「授業で勉強しなかったことがたくさん出た」という声を聞くようになりました。

　皆さんもよくご存じのように、日本語能力試験には、「出題基準」というものが目安としてあり、「文法」や「文字・語彙」に関しては、試験問題の約80%がその「出題基準」に掲げられているリストから出題されるということが原則となっています。そして、この「出題基準」に基づいて、試験対策用に多くの問題集が出版されており、これらの問題集をしっかり勉強しておけば、文法の試験では、確実に9割程度の点が取れるという状況が続いてきました。ところが、この安定した状況にここ数年、変化が見られるようになりました。例えば、昨年、2003年の1級の試験を例にとると、36問の問題のうち、3分の1以上（応用と考えられる問題や語彙のリストに載っている語を用いた問題などを含めます）が「出題基準」のリスト以外から出題されているのです。

　この問題集は、日本語能力試験の「出題基準」にない「機能語」「文法表現」を紹介することを目的として作られました。いわば、「日本語能力試験に出るかもしれない文法、表現」の本です。この問題集に出ている表現が能力試験に出題されるという保証は、ありません。ただ、語学のレベル試験というものは、「これを知っていれば～級」という性格のものではなく、「～級なら、この程度のことを知っている」というのが本来の姿なのではないかとも思います。「出題基準」の項目を覚え、文法で高得点を取り、1級の試験に合格しても、初級で基礎項目として学んだ受身や使役がうまく使えないという学生は大勢います。また、「出題基準」1級のリストにある項目を口にして、日本人に「そんな言葉、普通は使わないよ！」と笑われ、傷ついてしまった学生も大勢います。この問題集には、そのような、「出題基準」という絶対的な「マニュアル」の存在によって、見落とされてしまった言葉や表現をできるだけ載せるように心がけました。たとえ、能力試験に出なくても、役に立つ表現がたくさんあるはずです。

　最後に、僭越ではありますが、この問題集をご覧になった先生方が「こんな表現もある」「これよりも必要なことがある」と学生たちのニーズや状況の変化に対応した日本語教育を行っていってくださるなら、筆者としては、非常にうれしく思います。そして、学習者の皆さんが日本語能力試験という枠を越えて、より自然で豊かな日本語を身につけることができるように心から願っています。

2004年10月

落合太郎
原直美

本書の使い方

　本書は日本語能力試験出題基準以外の重要な表現を20回に分けて、紹介しています。各回の構成は「練習問題」「この表現をおぼえよう！」「確認問題」となっており、各回に取り上げる重要表現は5つです。

　まず「練習問題」を解いてみてください。問題や表現に〔○○年〕とついている表現は過去の日本語能力試験に出題されたことがあるものです。続いて「この表現をおぼえよう！」で「練習問題」の解答と重要表現の意味を確認してください。"この表現も重要"のマークがある表現は、取り上げた5つ以外の大事な表現で、各「練習問題」の選択肢に入れてあります。各回の最後に「確認問題」があります。また、5回ごとに「復習問題」がありますので、どのくらい学習したことが身についているか挑戦してみてください。選択肢の中には出題基準にある表現も含まれていますので、それぞれの表現を覚えているか、あわせて確認してみましょう。

　「付録」にある表現は、さらに覚えておきたいものがまとめられています。

　最後の総まとめ問題は、「模擬試験編」と「実践編」に分かれています。「模擬試験編」の問題は、実際の能力試験に近い形になっています。「実践編」は会話など、生活で用いられる形になっています。20回に分けて学んだ表現を、実際はどのように使うかを学びましょう。

本文中に出てくる略語記号の意味

- 動　動詞
- 名　名詞
- な形　な形容詞
- い形　い形容詞（助動詞「〜たい」も含む）
- 動-辞　動詞の辞書形
- 動-た　動詞のた形
- 動-普　動詞の普通形
- 動-て　動詞のて形
- 動-ます　動詞のます形
- 動-ない　動詞のない形
- 慣　慣用的な表現
- 参考　参考として、出題基準などから形や意味が似たものを取り上げています。

目次

はじめに
本書の使い方

第1回　文末表現1　7
第2回　文末表現2　11
第3回　文末表現3　15
第4回　文末表現4　19
第5回　会話でよく使う表現　23
第6回　動詞を使った表現1　29
第7回　動詞を使った表現2　33
第8回　「いう」に気をつけて　37
第9回　動詞を使った表現 その他1　41
第10回　動詞を使った表現 その他2　45
第11回　初級の応用（1）　51
第12回　初級の応用（2）　55
第13回　初級の応用（3）　59
第14回　助詞に気をつけて　63
第15回　「くらい・ばかり」などを使った表現　67
第16回　名詞を使った表現　73
第17回　「こと・もの」を使った表現　77
第18回　形に気をつけて　81
第19回　くりかえして使う表現など　85
第20回　出題基準にある表現の確認（用法が複数のものなど）　89
付録　これもおぼえよう　95

第1回〜第5回　復習問題　27
第6回〜第10回　復習問題　49
第11回〜第15回　復習問題　71
第16回〜第20回　復習問題　93

総まとめ問題　模擬試験編　99
総まとめ問題　実践編　103
解答　107

索引

第1回

文末表現1

◇練習問題◇

(1) その試験の結果がわたしのこれからの人生を決める＿＿＿＿＿＿。

　　1　といったらありはしない　　　2　といってもありはしない
　　3　といったらいいすぎではない　4　といってもいいすぎではない

(2) このチームの現在の実力では、優勝など望む＿＿＿＿＿＿。

［03年］

　　1　べからず　　　　　　　　　　2　べきだ
　　3　べくもない　　　　　　　　　4　べからざるだ

(3) 彼は、約束の時間通りに＿＿＿＿＿＿。本当に時間にルーズなんだよ。

　　1　来るすべがない　　　　　　　2　来たすべがない
　　3　来るためしがない　　　　　　4　来たためしがない

(4) 卒業論文の提出期限はあしたの午後5時だが、早めに出せればそれに＿＿＿＿＿＿。

［99年］

　　1　こしたことはない　　　　　　2　こすことはない
　　3　こしたことではない　　　　　4　こすことではない

(5) え！　合格したの？　おめでとう。この1年、必死に＿＿＿＿＿＿。　　［01年］

　　1　勉強するかいがあったね　　　2　勉強したかいがあったね
　　3　勉強するかいがないね　　　　4　勉強したかいがないね

第1回　この表現をおぼえよう！

(1) 解答 4

～といってもいいすぎではない／～といっても過言(かごん)ではない

　　意味：～と言っても、おおげさではない
　　　　　（強い主張をしたいときに用いる）

　① 彼女は、まさしくわたしの理想の女性だといってもいいすぎではありません。
　② 僕が合格できたのは、すべて原先生のおかげだといっても言い過ぎではない。
　③ 東京にいれば日本中のおいしいものが食べられるといっても過言ではない。
　④ 現在の政治は、マスコミが決めるといっても過言ではない。

(2) 解答 3

～べくもない（動－辞＋べくもない）

　　意味：～はずがない・～することはとてもできない
　　　　　（希望することが起こる可能性がまったくないとき用いる）

　① 東京は土地が高くて、普通のサラリーマンには家など手に入るべくもない。
　② 社長の考えなど、我々、一般の社員が知るべくもありません。
　③ あのチームが相手では、大人と子供が戦うようなものだ。勝つべくもないよ。

(3) 解答 4

～ためしがない（動－た＋ためしがない）

　　意味：～たことがない（不満や非難の気持ちを表すときに用いる）

　① 占いなんて、当たったためしがありません。
　② 今度こそ禁煙するなんて言って、続いたためしがないでしょう。
　③ あなたの言うとおりにして、うまくいったためしがないわ。

> この表現も重要

1 〜すべがない（動－辞・名－の＋すべがない）

意味：方法がない

① 携帯もつながらず、手紙も返ってきてしまって、連絡するすべがないんだ。
② あらゆる治療法を施しました。これ以上、なすすべがありません。

(4) 解答 1

〜にこしたことはない

意味：〜ほうがいい
　　　（「〜ほうがいいのは常識的に考えて当然」というとき用いる）

① 同じ種類の仕事をするなら、給料がいいにこしたことはない。
② 仕事は早くできるに越したことはないが、もっと大切なのは、間違えないことだ。
③ 今年合格できればそれに越したことはないが、だめなら来年がんばればいい。

(5) 解答 2

〜かいがある／〜かいがない（動－た・名－の＋かいがある／かいがない）

意味：〜の効果がある（ない）・〜した努力が報われる（報われない）

① こんなきれいな朝日が見られるなんて、早起きしたかいがありました。
② いい試合だったね。雨の中、1時間も待っていたかいがあったよ。
③ 努力のかいがあって、第一志望校に合格できた。
④ ここであきらめてしまっては、今まで苦労してきたかいがない。
⑤ 医師たちの懸命の治療のかい（も）なく、彼は、今朝亡くなった。

◇第1回　確認問題◇

(1) 高い点数が取れる_____けど、大切なのは、試験に合格することだ。

　　1　かいがない　　　　　　　　2　にこしたことはない
　　3　べくもない　　　　　　　　4　といってもいいすぎではない

(2) 首相があんなにいい加減な態度では、政治改革など望む_____。

　　1　かいがない　　2　べくもない　　3　ためしがない　　4　かごんではない

(3) 彼女は、この10年で最高の才能を持った歌手だといっても_____ではない。

　　1　かい　　　2　かごん　　　3　ためし　　　4　べく

(4) このラーメン、おいしい。1時間、並んだ_____があったね。

　　1　かい　　　2　すべ　　　3　かごん　　　4　ためし

(5) 彼と付き合って5年以上になるけど、花なんて_____ためしがないわ。

　　1　くれる　　2　くれて　　3　くれた　　4　くれない

(6) ここで帰国したのでは日本に_____。合格できるまでがんばります。

　　1　留学するかいがない　　　　2　留学したかいがない
　　3　留学するためしがない　　　4　留学したためしがない

(7) 今、選手は、気力だけで戦っている。監督もなす_____がなく、見守るだけだ。

　　1　かい　　　2　すべ　　　3　かごん　　　4　ためし

(8) わたし、天ぷら、苦手なんだ。上手に_____のよ。

　　1　作れるかいがない　　　　2　作れたかいがない
　　3　作れるためしがない　　　4　作れたためしがない

第2回

文末表現2

◇練習問題◇

(1) あなたの仕事を手伝うのが楽しいんです。礼＿＿＿＿＿＿。

  1　にはおよびません　　　　2　にもおよびません
  3　にはかたくありません　　4　にもかたくありません

(2) 外国人に部屋を貸さないなんて、差別以外の＿＿＿＿＿＿でもない。

  1　なにごと　　2　なにもの　　3　なにやら　　4　なにより

(3) このドラマ、どうして人気があるのかな。おもしろくも＿＿＿＿＿＿ないのに。

  1　なんかも　　2　なんでも　　3　なんとも　　4　なんにも

(4) あんな人、恋人でも＿＿＿＿＿＿ないわ。彼の話は、もうしないで。

  1　なんかも　　2　なんでも　　3　なんとも　　4　なんにも

(5) いつ大きい地震が＿＿＿＿＿＿から、防災訓練は、しっかりやっておきましょう。

  [02年]

  1　おこらないことはない　　　　2　おこるとはかぎらない
  3　おこらないともかぎらない　　4　おこるにかぎったことではない

第2回 この表現をおぼえよう！

(1) 解答 1

～にはおよばない（動-辞・名＋には及ばない）

意味1：～までもない・～しなくてもいい・そこまでする必要はない

① ちょっと気になるところがあるので、簡単な検査をするだけです。ご心配にはおよびません。
② 電話をくれれば十分だ。わざわざ来るには及ばないよ。
③ こんな小さい間違い、気にしなくてもいい。やり直すには及ばないよ。

意味2：～のレベルには届かない

① その監督の新作は、すばらしい映画だが、前作にはおよばない。
② わたしがどんなにがんばっても、彼の実力には及ばない。

(2) 解答 2

～いがいのなにものでもない（名＋以外の何物でもない）

意味：正に～そのもので、否定できない

① 彼女にとって、家事は苦痛いがいのなにものでもなかった。
② フランス人が冷たいなんて、偏見以外の何物でもないと思うな。
③ この法案の可決は、憲法違反以外の何物でもありません。

(3) 解答 3

～くもなんともない（い形-く＋もなんともない）

意味：まったく～ない。全然～ない。（強く否定する気持ちを表す）

① だいじょうぶ。あんな注射、痛くもなんともないよ。すぐ終わるから。
② 遺産なんて欲しくもなんともないわ。お父さんが長生きしてくれるのが一番。
③ あなたの電話番号なんて知りたくもなんともありません。

(4) 解答 2

～でもなんでもない（ な形 ・ 名 ＋でもなんでもない）

意味：～ではない（強く否定して、マイナス評価を強調する）

① 何と無責任な発言！　あんな男、政治家でもなんでもない。なぜ彼が首相などやっているのだ。
② お前たちのやっているのはサッカーでもなんでもない。子供の玉けりだ。
③ 自分の夢の実現のためなんだから、こんなの苦労でもなんでもありませんよ。
④ あんな人、好きでもなんでもないよ。誤解しないで。

(5) 解答 3

～ないともかぎらない（ 動 －ない＋とも限らない）

意味：～可能性がまったくないとはいえない（だから対策を立てておいたほうがいいというニュアンス）

① 泥棒に入られないともかぎらないから、鍵はちゃんとかけておいて。
② 将来、重い病気にならないとも限らないから、保険には入っておこう。
③ この子が世界的有名人にならないとも限らないから、英語は習わせておこう。

> **この表現も重要**　2　～とはかぎらない

意味：～ということが常に正しいとは言えない

① お金持ちが必ずしも幸せとはかぎらない。
② 実力のあるチームが必ずしも勝つとは限らないから、スポーツはおもしろい。

> **この表現も重要**　4　～にかぎったことではない

意味：～だけでなくほかにもよくある

① 外国での生活が大変なのはみんな同じ。あなたにかぎったことではないのよ。
② 日本の物価の高さは、家賃や交通費に限ったことではない。

◇第2回　確認問題◇

(1)「正しい戦争」なんて大うそですよ。あれは、侵略＿＿＿＿＿＿＿。

　　1　いがいのなんでもありません　　2　いがいのなんともありません
　　3　いがいのなにごとでもありません　4　いがいのなにものでもありません

(2) 中山？　あいつの話は、やめてくれ。あんなやつ、友達でも＿＿＿＿＿＿ないよ。

　　1　なんでも　　2　なんとも　　3　なにごとでも　　4　なにものでも

(3) 別れた夫の話なんて、聞きたくも＿＿＿＿＿＿ないわ。話さないで。

　　1　どうでも　　2　なんでも　　3　なんとも　　4　なにものでも

(4) これくらいピアノを弾ける人は大勢いる。彼女は、特別でも＿＿＿＿＿＿ないよ。

　　1　どうでも　　2　なんでも　　3　なんとも　　4　なにものでも

(5) 1週間ほど入院したけど、もうだいじょうぶ。心配＿＿＿＿＿＿よ。

　　1　にはおよばない　2　にもおよばない　3　とはかぎらない　4　ともかぎらない

(6) いつ大きな事故に＿＿＿＿＿＿から、保険には入っておいたほうがいいですよ。

　　1　あうとはかぎらない　　　　2　あわないにはかぎらない
　　3　あうにもあかぎらない　　　4　あわないともかぎらない

(7) 彼が遅刻するのは、今日に＿＿＿＿＿＿ことじゃない。だいじょうぶ。必ず来ます。

　　1　かぎる　　2　かぎっての　　3　かぎった　　4　かぎりの

(8) 辞書に書いてあることが必ずしも＿＿＿＿＿＿でしょう。

　　1　正しいとはかぎらない　　　2　正しくないとはかぎらない
　　3　正しいともかぎらない　　　4　正しくないともかぎらない

第3回

文末表現3

◇練習問題◇

(1) 「ビール1本くらいなら、飲んでも_____でしょう」と医者は言った。
　　　　　　　　　　　　　　　　　　　　　　　　　　　　　　　　　　　　　[99年]

　　　1　かいがある　　　2　かいがない　　　3　さしつかえる　　　4　さしつかえない

(2) え、そんなひどいことを言ったの。それじゃ、彼が怒るのも_____。

　　　1　きりがない　　　2　むりはない　　　3　きんじえない　　　4　までもない

(3) え！　わたしが彼と結婚する？　そんなこと、約束した_____はありません。

　　　1　おぼえ　　　2　かい　　　3　ためし　　　4　きり

(4) 亡くなった祖母が編んだものは、捨てるに_____、そのままとってある。

　　　1　かぎらなくて　　　　　　　2　かたくなくて
　　　3　こしたことはなくて　　　　4　しのびなくて

(5) わたしは、北国の生まれだから、夏より冬の方が好きなのだが、毎日こう寒くては_____。
　　　　　　　　　　　　　　　　　　　　　　　　　　　　　　　　　　　　　[00年]

　　　1　かなわない　　　2　かまわない　　　3　かなうだろう　　　4　かまうだろう

第3回　この表現をおぼえよう！

(1) 解答 4

～てもさしつかえない／～でもさしつかえない

意味：～てもいい、～で問題はない（改まった状況で用いられる表現）

① スタッフは、皆、日本語ができますので、現地の言葉が話せなくてもさしつかえありませんが、あいさつの言葉ぐらいは覚えていかれるといいでしょう。
② 遅くてもさしつかえありません。トラブルがありましたら、ご連絡ください。
③ もし今週ご都合が悪いようでしたら、来週でも差支えありません。

(2) 解答 2

～のもむりはない

意味：～は当然だ

① こんなに忙しい生活をしていたのでは、彼が病気になるのもむりはない。
② 遊んでばかりで勉強なんて全然しないのだから、成績が悪いのも無理はない。
③ 昔、ひどいことをされたんだ。この国の人が日本を嫌いなのも無理はないよ。

> **この表現も重要**　1　～きりがない（動－たら・ば・と＋きりがない）

意味：限りがない、たくさんある

① わたしの失敗なんて、言い始めたらきりがないよ。
② 確かに偉くはなりたいけれど、上を見ればきりがないからね。

(3) 解答 1

～おぼえはない［1］（動－た＋覚えはない）

意味：～記憶がない（自分を正当化するのに用いる）

① 僕は彼女が怒るようなことを言ったおぼえはないのだが。
② え？　ピザの出前？　そんなもの注文した覚えはないよ。

～おぼえはない ［2］（動－れる＋覚えはない）

　　意味：～心当たりがない（相手を批判するのに用いる）

　　① 「君のような男にお父さんなどと呼ばれる覚えはない。帰ってくれ」と父は、わたしの恋人に言った。
　　② 彼女は、いったいだれだ。僕は、あんな女性に恨まれる覚えはないよ。

(4) 解答 4

～にしのびない （動－辞＋に忍びない）

　　意味：がまんできない・つらくて～できない

　　① 元気な祖父だっただけに寝たきりの姿は、見るにしのびない。
　　② 戦火で苦しむ人たちの話は、聞くに忍びありませんでした。
　　③ 家族みんなが長い間住んだ家だから、壊すに忍びないんだけど、仕方ないな。

(5) 解答 1

～て（は）かなわない （い形－て・な形－で＋（は）かなわない）

　　意味：たえられない・困る

　　① 先週からうちの前で道路工事が始まったんだ。うるさくてかなわないよ。
　　② 今日も34度だって。毎日こう暑くてはかなわないねえ。
　　③ 最初は、不便でかなわないと思ったけど、慣れてくると山の中の生活もけっこう快適です。

◇第3回　確認問題◇

(1) 今日もまた残業だよ。こう忙しくては_____なあ。

　　1　かなわない　　2　しのびない　　3　きりがない　　4　さしつかえない

(2) わたしのことを「大うそつき」ですって。ひどい！　どうして？　彼女にそんなこと、言われる_____わ。

　　1　おぼえはない　　2　かいがない　　3　むりはない　　4　ためしがない

(3) 祖父のお見舞いに行ったんだけど、本当に苦しそうで、見るに_____わ。

　　1　およばなかった　　　　2　かなわなかった
　　3　さしつかえなかった　　4　しのびなかった

(4) 「小鳥くらいなら飼っても_____でしょう」と管理人は言った。

　　1　かなわない　　2　きりがない　　3　さしつかえない　　4　おぼえがない

(5) 20年ぶりの再会で、彼の外見はすっかり変わっていたから、彼女が気づかないのも_____。

　　1　おぼえはなかった　　　2　かいがなかった
　　3　きりがなかった　　　　4　むりはなかった

(6) え、花束？　僕、そんなもの、送った_____よ。ほかの人じゃないの？

　　1　おぼえはない　　2　ためしはない　　3　かいはない　　4　きりはない

(7) もちろんいい部屋に住みたいけど、欲を言ったら_____がないよ。ここにある物件の中から決めよう。

　　1　きり　　2　むり　　3　おぼえ　　4　ためし

(8) 印鑑をお持ちでなければ、サインでも_____。

　　1　かないません　　　　2　しのびありません
　　3　むりはありません　　4　さしつかえありません

第4回

文末表現4

◆練習問題◆

(1) 好きでもない人と結婚するくらいなら、一生1人で暮らした方が＿＿＿＿＿＿だ。

    1 いい   *2* きり   *3* ふし   *4* まし

(2) なまじパソコンが得意だと言ってしまったために、余計な仕事を頼まれる＿＿＿＿＿になった。

    1 かい   *2* はめ   *3* いかん   *4* きらい

(3) その選手は、次のオリンピックで必ず優勝してみせると断言して＿＿＿＿＿＿。

[00年]

    1 かいがない   *2* きりがない
    3 かなわない   *4* はばからない

(4) あなたがいっしょに来てくれるなら、心強い＿＿＿＿＿＿。

    1 ことこのうえない   *2* ことそのうえない
    3 ものこのうえない   *4* ものそのうえない

(5) こら、一郎、試験は、あしたなのよ。こんな所でのんびりテレビなんか見ている＿＿＿＿＿＿ではないでしょう。

    1 おぼえ   *2* さわぎ   *3* ためし   *4* ばあい

第4回　この表現をおぼえよう！

(1) 解答 4

〜ほうがまし

　　意味：〜方がいい
　　　　　（「両方嫌だが、どちらかを選ばなければならないのなら〜の方がいい」というニュアンス）

　　① 音楽はわたしの命だ。もし耳が聞こえなくなるくらいなら、死んだほうがましだ。
　　② 途中でやめるなら、最初から何もしない方がましです。
　　③ 父の作った料理を食べるなら、インスタントラーメンの方がましだ。

　参考　〜だけまし［01年］

　　意味：あまりよくない状態だが、もっとひどいことにならなくてよかった
　　① ボーナスが半分だったなんて嘆いているけど、もらえただけましだよ。
　　② 火事で家が燃えてしまったのは気の毒だけど、命が助かっただけましですよ。

(2) 解答 2

〜はめになる（動－辞＋羽目になる）

　　意味：あるきっかけがあって、〜という苦しい状態になる

　　① 友人の話に付き合っていたら、終電がなくなり、歩いて帰るはめになった。
　　② 上司の仕事のやり方に意見を言ったら、地方に転勤させられる羽目になった。
　　③ おいしくもないお菓子なのに、「おいしい」とお世辞を言ってしまったために、3つも食べる羽目になった。

(3) 解答 4

〜てはばからない（動－て＋はばからない）

　　意味：堂々と〜する
　　　　　（「普通は遠慮したり気兼ねしたりするのに」というニュアンス）

① 中村課長は、次に部長になるのは自分だと公言してはばからない。
② 女子社員を「ちゃん付け」してはばからない我が社の体質にがまんできない。
③ 自分をバラにたとえてはばからないなんて、彼女もうぬぼれが強いね。

(4) 解答 1

～ことこのうえない（い形 －い・な形 －な＋ことこの上ない）

意味：それ以上の～はない・非常に～だ

① 今日でこの校舎が壊されるなんて、さびしいことこのうえありませんね。
② この説明書、わかりにくいことこの上ないね。これなら、ない方がましだよ。
③ ファックスを送る度に、3階まで行かなければならないなんて面倒なことこの上ない。

(5) 解答 4

～ばあいではない（動 －て＋いる場合ではない）

意味：～ている状況ではない
　　　（「現在は緊急事態で～ているのは不適当だ」というニュアンス）

① つらいのはわかるけど、泣いているばあいではないよ。お子さんのためにも、君がしっかりしなくちゃ。
② 世界情勢が緊迫している。首相は、のんびりゴルフなどしている場合ではない。
③ 前の人のスピーチに感心している場合じゃない。次は、君の番だよ。

◇第4回　確認問題◇

(1) 1人暮らしだから、カレーを作ると、3日くらい食べ続ける＿＿＿＿＿になる。

　　1　きり　　　　2　はめ　　　　3　ふし　　　　4　まし

(2) もしあなたと会えなくなるなら、死んだ方が＿＿＿＿＿です。

　　1　きり　　　　2　へま　　　　3　まし　　　　4　ためし

(3) 彼は、自分が世界一のバスケットボール選手だと言って＿＿＿＿＿。

　　1　このうえない　2　ばあいがない　3　さしつかえない　4　はばからない

(4) すぐに読解の試験が始まる。聴解の試験ができなかったからと言って、おちこんでいる＿＿＿＿＿ではないよ。

　　1　はめ　　　　2　まし　　　　3　ばあい　　　　4　このうえ

(5) 電車は1時間に1本、しかも、終電は10時で、不便な＿＿＿＿＿。

　　1　ことこのうえない　　　　　2　ことそのうえない
　　3　ものこのうえない　　　　　4　ものそのうえない

(6) 皿洗いだって、手伝ってくれる＿＿＿＿＿よ。うちの主人ときたらね……。

　　1　だけはめ　　2　だけまし　　3　よりはめ　　4　よりまし

(7) 明さん、こんな所でのんびりタバコを＿＿＿＿＿場合じゃないわよ。赤ちゃんが生まれそうだって。

　　1　すう　　　　2　すい　　　　3　すった　　　　4　すっている

(8) その政治家は、日本も核兵器を持つべきだと＿＿＿＿＿はばからない。

　　1　公言する　　2　公言して　　3　公言した　　4　公言せず

第5回

会話でよく使う表現

◆練習問題◆

(1) 久しぶりだね。いつこっちに帰ってきたん＿＿＿＿＿＿？

　　1　だって　　　　　　　　　2　だってば
　　3　かい　　　　　　　　　　4　だい

(2) A：もう一度聞くぞ。この花瓶を割ったのはお前だろう。正直に言いなさい。
　　B：違うって言ってるでしょう。わたしじゃない＿＿＿＿＿＿。

　　1　だい　　　　　　　　　　2　かい
　　3　ってば　　　　　　　　　4　だって

(3) 彼は、この仕事は自分に合わない＿＿＿＿＿＿と文句を言って、バイトをすぐやめる。　　　　　　　　　　　　　　　　　　　　　　　　　　　　　　　　［01年］

　　1　のなんて　　　　　　　　2　のなんか
　　3　のなんで　　　　　　　　4　のなんの

(4) おいしいラーメン屋があると聞いて行ってみると、並んでいる人がいる＿＿＿＿＿いる＿＿＿＿。だいぶ待たされそうだ。

　　1　や／や　　　　　　　　　2　か／か
　　3　さ／さ　　　　　　　　　4　わ／わ

(5) 君たち、授業中にうるさいぞ。静かに＿＿＿＿＿＿。

　　1　したまえ　　　　　　　　2　せたまえ
　　3　したまれ　　　　　　　　4　せたまれ

第5回　この表現をおぼえよう！

(1) 解答 4

疑問詞＋だい？／～かい？

　　意味：～ですか／～ますか（疑問を表す表現・男性が使う）

　① 授業は何時からだい？
　② 夜遅いから、送っていこうか？　君、うちはどこだい？
　③ 君のお母さんは元気かい？
　④ この席は空いてるかい？

(2) 解答 3

～ってば／～ったら

　　意味：相手の疑いや心配をはっきり否定して、相手を説得する表現

　① 母：サトシ、塾が終わったらまっすぐ帰ってくるのよ。
　　息子：しつこいなあ。わかったってば。
　② 佐藤：山田さん、遅いわね……。どうしたのかしら。
　　鈴木：いつものことじゃない。すぐには来ないに決まってるってば。
　③ A：彼女に会っても、あの話はしないで。秘密ね。
　　B：わかってるったら。
　④ 母：夏休みの宿題は全部終わったの？　あと二日しかないわよ。
　　娘：お母さん、心配しないで。なんとかするったら。

(3) 解答 4

～のなんの

　　意味1：良くないことをあれこれ言う

　① 遅刻の常習犯、A君はいつも電車が遅れたのなんのと言い訳をする。
　② 友達は、貸したお金を返してと言っているのに、今日は持っていないのなんのと言って返してくれない。

③ 彼女はこの部屋は狭いのなんのと文句を言いつつも、ずっとそこに住んでいる。

意味2：とても～だ（～の程度が激しい） ※「～のなんのって」の形で使うこともある

① きょうはお客さんがたくさん来たから疲れたのなんの。
② お母さんは顔を見れば「勉強」「勉強」ってうるさいのなんのって。
③ あの先生の授業は、わかりやすくておもしろいのなんの。

(4) 解答 4

～わ～わ（動－辞＋わ）

意味1：たくさん存在する・たくさん～する

① みんな「お酒はちょっと」なんて言ったくせに、飲むわ飲むわ。用意した酒が全部なくなった。
② もう5時だというのに終わっていない仕事があるわあるわ。今日は一体何時に帰れるのだろうか。
③ 昼だというのにビールを飲む人がいるわいるわ……仕事中じゃないのかしら。

意味2：良くないことがいろいろと重なる

① 高校時代のあの子はけんかはするわ、学校を辞めるわ、親泣かせだったんです。
② あの学生は、授業中居眠りするわ、無断で早退するわ、態度がひどすぎる。
③ 今日は約束なしにお客さんが来るわ、トラブルが発生するわで忙しかった。

(5) 解答 1

～たまえ（動－ます＋たまえ）

意味：～しなさい・～てください（男性が目下の人に対して使う）

① もう社会人だろう。新聞ぐらいは読みたまえ。
② 人に頼ってばかりいないで、自分で考えたまえ。
③ わたしの研究室の留学生の中で、特に君には期待しているよ。がんばりたまえ。

◇第5回　確認問題◇

(1) 彼は頭が痛い_____とうそをついては学校をサボっている。

　　1　だい　　　　2　かい　　　　3　のなんの　　　4　だって

(2) A：来週の面接試験心配だなあ。
　　B：あなたなら、いつも通りやれば大丈夫_____。

　　1　だい　　　　2　かい　　　　3　のなんの　　　4　だってば

(3) ドリンク半額セールを実施したら、お客さんが_____。すごかったよ。

　　1　くるって／くるって　　　　2　くるかい／くるかい
　　3　くるだって／くるだって　　4　くるわ／くるわ

(4) 不動産屋にいい部屋があるって言われて見に行ったら、もう、_____。
　　あれじゃ、まさしくうさぎ小屋だわ。

　　1　狭いのなんの　　2　狭いのどうの　　3　狭いのなんと　　4　狭いのどうと

(5) あした、君に会いたいんだけど、空いてない_____？

　　1　だい　　　　2　かい　　　　3　のなんの　　　4　ってば

(6) わたしは君たち社員を信じている。この企画は好きなように_____たまえ。

　　1　進み　　　　2　進んで　　　3　進め　　　　4　進めて

(7) 初デートで、ドライブに行ったら、道に迷う_____、車は故障する_____で
　　彼女を怒らせてしまった。

　　1　かい／かい　　2　だい／だい　　3　なんの／なんの　　4　わ／わ

(8) 風邪で病院に行ったら太い注射を打たれた。もう、痛いの_____って。

　　1　てば　　　　2　たら　　　　3　なんの　　　　4　だい

◇第1回～第5回　復習問題◇

(1) 11時なのに、28度もあるよ。夜まで、こんなに暑くては＿＿＿＿＿＿なあ。

　　1　およばない　　2　かなわない　　3　きりがない　　4　さしつかえない

(2) 失恋なんてなにも初めてのことじゃない。つらくも＿＿＿＿＿＿よ。

　　1　なんでもない　　2　なんともない　　3　なにもない　　4　なにものでもない

(3) 中山君、聞いたよ。留学するんだって。出発は、いつ＿＿＿＿＿＿。

　　1　かい　　2　ってば　　3　だい　　4　なんの

(4) 占いなんて信じないわ。今まで当たった＿＿＿＿＿＿がないんだから。

　　1　かい　　2　すべ　　3　しのび　　4　ためし

(5) あんな男の下で働くくらいなら、会社を辞めたほうが＿＿＿＿＿＿だ。

　　1　かい　　2　きり　　3　はめ　　4　まし

(6) 最愛の人が重病で倒れたことを外国にいる彼が知る＿＿＿＿＿＿。

　　1　ばあいではなかった　　　　2　ためしがなかった
　　3　べくもなかった　　　　　　4　までもなかった

(7) 先週、北海道へ行ってきたんだけど、いや、寒いの＿＿＿＿＿＿。体が凍るかと思ったよ。

　　1　どうの　　2　なんの　　3　なんでも　　4　なんとも

(8) すぐに退院できるから、見舞いに来るには＿＿＿＿＿＿。気持ちだけで十分だよ。

　　1　およばない　　2　かぎらない　　3　かなわない　　4　さしつかえない

(9) 君たち本当に似ているね。え、双子？　じゃあ、皆が間違えるのも＿＿＿＿＿＿＿よ。

　　1　おぼえがない　　2　きりはない　　3　ためしがない　　4　むりはない

(10) 車で行ったのが僕だけで、みんなの運転手役をつとめる＿＿＿＿＿＿＿になった。

　　1　かい　　　　　　2　はめ　　　　　3　まし　　　　　　4　ためし

(11) 環境問題は、これからの世界における最重要課題だといっても＿＿＿＿＿＿＿。

　　1　かぎったことではない　　　　2　なにものでもない
　　3　むりもない　　　　　　　　　4　かごんではない

(12) この不況では、いつリストラ＿＿＿＿＿＿＿。少しでも貯金をしておかなくちゃ。

　　1　されるにはおよばない　　　　2　されるとはかぎらない
　　3　されないにもおよばない　　　4　されないともかぎらない

(13) 君たち、ここにいない人の悪口を言うのは、＿＿＿＿＿＿＿。

　　1　やめかい　　　2　やめたまえ　　3　やめるかい　　4　やめるたまえ

(14) 何がお礼だ。この金は、賄賂(わいろ)以外の＿＿＿＿＿＿＿でもない。受け取れないよ。

　　1　このうえ　　　2　なにごと　　　3　そのうえ　　　4　なにもの

(15) 「浮気は文化」ですって？　そんなことを言って＿＿＿＿＿＿＿なんて、バカな男ね。

　　1　かごんではない　　　　　　　2　かなわない
　　3　さしつかえない　　　　　　　4　はばからない

(16) 祖父と父が苦労して続けてきた店だから、閉めるに＿＿＿＿＿＿＿んだが、この不景気ではしかたがない。

　　1　およばない　　2　かいがない　　3　しのびない　　4　きりがない

第6回

動詞を使った表現1

◇練習問題◇

(1) 忙しさに＿＿＿＿＿＿、返事を書くのがすっかり遅くなってしまいました。

    1　かこつけて　　　　　　2　かまけて
    3　そって　　　　　　　　4　そくして

(2) その歌手は、日本国内に＿＿＿＿＿＿、世界中に活動を広げていきたいと語った。
　　　　　　　　　　　　　　　　　　　　　　　　　　　　　　　　[01年]

    1　にあわず　　　　　　　2　かかわらず
    3　とどまらず　　　　　　4　のみならず

(3) 1週間後にパリ支店転勤を＿＿＿＿＿＿、姉はあわただしい毎日を過ごしている。

    1　ひかえて　　　　　　　2　へて
    3　めぐって　　　　　　　4　もって

(4) 社長も奥さんに＿＿＿＿＿＿、嫌と言えないようですね。

    1　あたっては　　　　　　2　あてては
    3　かかっては　　　　　　4　かけては

(5) 当協会の基準＿＿＿＿＿＿、適当であると判断される者に、奨学金を支給する。

    1　にくらべて　　　　　　2　にてらして
    3　をかねて　　　　　　　4　をもとづいて

第6回 この表現をおぼえよう！

(1) 解答 2

～にかまけて

意味：～ばかりやっていてほかの事に目を向けない

① うちの主人は、仕事にかまけて、子供たちの世話をちっともしない。
② 君、新入社員の世話にかまけて、自分の仕事が全然進んでいないじゃないか。
③ 高校時代は、サッカーの練習にかまけて、受験勉強をまったくしなかった。

この表現も重要 　1　～にかこつけて　［01年］

意味：直接の理由や原因ではないのに、～を口実にして

① 母の病気にかこつけて、結婚式への出席を断った。
② 出張にかこつけて、京都にいる恋人に会いに行った。

(2) 解答 3

～にとどまらず

意味：～だけでなく
　　　（その範囲には収まらないで広がるという意味で用いる）

① 事故の影響は、原子力発電所の中にとどまらず、周辺の広い地域に及んだ。
② この流行語は、若者にとどまらず、子供や中高年にも広がりを見せている。
③ 環境破壊は一国の問題にとどまらず、地球全体の問題となっており、早急に対策を考えるべきだ。

(3) 解答 1

～を～にひかえて／～に～をひかえて

意味：～が迫っている状態で・～がもうすぐある状態で

① 能力試験を10日後にひかえて、学生たちは、目の色を変えて勉強している。

② 1週間後に開幕戦を控えて、選手たちの練習にも熱が入ってきた。
③ 妹の結婚式を間近に控えて、我が家は、何となく落ち着かない雰囲気だ。

> **この表現も重要**　**2　〜をへて** ［03年］

意味：〜という過程を通って・途中の段階で〜をして

① 2度の審議をへて、新しい法案が議会で承認された。
② 厳しい予選を経て、決勝に10チームが進んできた。

(4) 解答 3

〜にかかっては

意味：〜にはだれもかなわない

① プロの泥棒の手にかかっては、この程度の鍵は、簡単に開けられてしまう。
② 見てごらん。あの困った顔。子供たちにかかっては、大統領もかたなしだね。
③ その編集者にかかっては、どんなになまけ者の作家でも、締め切りを守らされてしまう。

(5) 解答 2

〜にてらして

意味：〜と比べて確かめる

① 彼の行いは、法律にてらして、罰せられるべきものだ。
② 常識に照らして考えれば、やっていいことかどうかわかるだろう。
③ 新人を採用するかどうかは、次の条件に照らして、判断されます。

◇第6回　確認問題◇

(1) その歌手は、オペラファンに_____、幅広い層に人気がある。

　　1　かこつけて　　　2　てらして　　　3　およばず　　　4　とどまらず

(2) この1年、育児に_____、家事をほとんどしていないの。反省してるわ。

　　1　かけて　　　2　かまけて　　　3　てらして　　　4　ひかえて

(3) 受験を1ヶ月後に_____、学生たちの集中力も高まってきたようだ。

　　1　かかって　　　2　ひかえて　　　3　とどまって　　　4　へて

(4) 当校では、学生たちの論文を次のポイント_____、評価しています。

　　1　にかかって　　　2　にかまけて　　　3　にてらして　　　4　にとどまって

(5) 森刑事_____は、犯人のついたうそなど、簡単にわかってしまうだろう。

　　1　にかかって　　　2　にかけて　　　3　にてって　　　4　にてらして

(6) え？　また、打ち合わせ？　鈴木、おまえ、仕事に_____、愛子さんに会おうとするの、いい加減にしろよ。

　　1　かまけて　　　2　かこつけて　　　3　ひかえて　　　4　へて

(7) 新入社員は、3ヶ月の研修期間を_____、それぞれの部署に配属される。

　　1　かかって　　　2　かこつけて　　　3　てらして　　　4　へて

(8) オリンピック開幕を1ヶ月後_____、アテネでは、会場の準備が急ピッチで進んでいます。

　　1　にかかって　　　2　にかこつけて　　　3　にてらして　　　4　にひかえて

第7回

動詞を使った表現2

◆練習問題◆

(1) この夏は、仕事と旅行を＿＿＿＿＿＿＿＿、ヨーロッパに行く予定だ。

  1　おいて　　　　　　　　2　おして
  3　かけて　　　　　　　　4　かねて

(2) 家庭＿＿＿＿＿＿＿＿父親の役割も変わりつつあるようだ。

  1　にある　　　　　　　　2　における
  3　にまつわる　　　　　　4　にわたる

(3) 選手たちは、スポーツマン精神＿＿＿＿＿＿＿＿、正々堂々と戦うことを誓った。

  1　にかぎって　　　　　　2　にそなえて
  3　にのっとって　　　　　4　にはじまって

(4) 本日の会議では、こちらの報告書の内容＿＿＿＿＿＿＿＿、今後の我が社の経営方針を話し合いたいと思います。　　　　　　　　　　　　　　　　　　　　　　[01年]

  1　にあって　　　　　　　2　にめんして
  3　をこめて　　　　　　　4　をふまえて

(5) 試合当日は、前日までの大雨とは＿＿＿＿＿＿＿＿、雲一つない晴天だった。

  1　あいまって　　　　　　2　いっても
  3　うってかわって　　　　4　おもうと

第7回　この表現をおぼえよう！

(1) 解答 4

（〜と）〜をかねて

意味：〜をいっしょに（二つの目的や働きなどを表すときに用いる）

① 妻は、趣味と実益をかねて、園芸の店を始めた。
② 祖父の墓参りと休養を兼ねて、週末に箱根へ出かけた。
③ 免許を取ったばかりの妹の練習を兼ねて、横浜までドライブした。

この表現も重要　2　〜をおして　［03年］

意味：〜だから無理なのに、……をする

① わたしの姉は、家族みんなの反対をおして結婚した。
② その選手は、39度の高熱をおして、試合に出場していた。

(2) 解答 2

〜における　※後ろに名詞がくる

意味：〜での（名詞を修飾し、物事が行われる場所、場面、状況を表す）

① アジアにおける日本の役割というテーマで小論文を書きなさい。
② D国の大統領は、他国に対し、過去における過ちを謝罪した。
③ 日本社会におけるフリーターの存在は、無視できないものになっている。

この表現も重要　3　〜にまつわる　※「話」に関係する言葉が後ろにくる

意味：〜に関係する

① ガイドさんは、この湖にまつわる伝説を話してくれた。
② この人形にまつわる不思議な話をお教えしましょうか。

(3) 解答 3

~にのっとって

意味：~を手本として・~を規範として

① 2人は、その地方の古式にのっとって結婚式を挙げた。
② この書類は、こちらの書式にのっとって、作成してください。
③ ゲームというものは、一定のルールにのっとって、進められなければならない。

(4) 解答 4

~をふまえて

意味：~を考慮に入れて・~を前提や根拠にして

① これまでの実績や経験をふまえて、代表選手を選んだ。
② 現状を踏まえて、よりよい政策を立てたいと考えていると首相は語った。
③ 阪神大震災の経験を踏まえ、これまでの対策マニュアルを大幅に変えた。

(5) 解答 3

~と（は）うってかわって

意味：これまでとまったく変わって
　　　（短い間に様子が大きく変わるというニュアンス）

① 夏休み前とはうってかわって、学生たちは、熱心に勉強に取り組み始めた。
② 首相は、選挙後、それまでとうってかわって、弱気な発言を繰り返すようになった。
③ その作家は、これまでのミステリーとはうってかわって、心温まる恋愛小説を発表した。

◇第7回　確認問題◇

(1) 我が社では、毎年、新入社員歓迎会_____、花見をやっているんだよ。

　　1　にのっとって　　2　にまつわって　　3　をおいて　　4　をかねて

(2) 政治家たちは、制度を決めるとき、もっと生活スタイルの変化_____、議論すべきだと思う。

　　1　をおして　　2　をこめて　　3　をかねて　　4　をふまえて

(3) この試験には出題基準があり、それに_____問題が作られている。

　　1　あって　　2　うってかわって　　3　のっとって　　4　まつわって

(4) その社員は、わたしが名前を言う前とは_____、丁重な態度になった。

　　1　おいて　　2　うってかわって　　3　かねて　　4　ふまえて

(5) 娘の受験は現在、我が家_____最大の問題だ。

　　1　における　　2　にかねる　　3　にふまえる　　4　まつわる

(6) この本には、オリンピックに_____いろいろなエピソードが書いてある。

　　1　うってかわる　　2　のっとる　　3　ふまえる　　4　まつわる

(7) その選手は、右足のけがを_____、試合に出場した。

　　1　おいて　　2　おして　　3　かねて　　4　ふまえて

(8) わたしは、英語の勉強と娯楽_____、毎週3本以上、映画を見ている。

　　1　をおいて　　2　をおして　　3　をかけて　　4　をかねて

第8回

「いう」に気をつけて

◇練習問題◇

(1) わたしの夢は、日本中の道＿＿＿＿＿＿道をすべて走りきることなんです。

　　1　という　　　　　　　　2　といって
　　3　といった　　　　　　　4　といい

(2) 今年の旅行は、ハワイやグアム＿＿＿＿＿＿南の島に人気が集まっていますね。

　　1　といって　　　　　　　2　といった
　　3　といわず　　　　　　　4　とはいえ

(3) 今は、これ＿＿＿＿＿＿、欲しいものはありません。

　　1　といって　　　　　　　2　といわず
　　3　といい　　　　　　　　4　とはいえ

(4) 部屋の中のものは、家具＿＿＿＿＿＿、電気製品＿＿＿＿＿＿、めちゃくちゃに壊されていた。　［03年］

　　1　というか／というか　　2　といった／といった
　　3　といわず／といわず　　4　といえど／といえど

(5) 僕は、本当においしいピザだと思ったが、イタリアに住む妹に＿＿＿＿＿＿、これくらいの味は、どこにでもあるということだった。

　　1　いえば　　　　　　　　2　いわれれば
　　3　いわせれば　　　　　　4　いわせられれば

第8回　この表現をおぼえよう！

(1) 解答　1

〜という〜（名＋という＋名）※〜には同じ名詞が入る

意味：すべての〜
　　　（「すべて」ということを強調したいときに用いる）

① 姉は、アパートの壁という壁に、自分の好きな歌手の写真をはっていた。
② 校長先生は、この学校の生徒という生徒、全員の顔と名前を覚えている。
③ 犯人は必ずいる。この辺の家という家をすべて調べるんだ。
④ **今度という今度は、絶対に負けないぞ。**（慣「今度」を強調する表現）

(2) 解答　2

〜といった（名＋といった）

意味：〜などのような（似たような例などを挙げるときに用いる）

① 昼食は、パンやおにぎりといった軽いもので済ませています。
② イチロー、松井といった野球選手は、外国の人たちもよく知っている。
③ 休みの日は、Ｔシャツにジーンズといった格好で過ごしています。

(3) 解答　1

これといって〜ない

意味：特別には〜ない
　　　（特に問題にしたり、話題にしたりすることはない）

① これといって趣味はないんですが、本を読んだり音楽を聴いたりするのは好きです。
② これといって行きたい所はないんだけど、できれば自然が豊かな所がいいな。
③ 2時間話し合ったが、これといっていいアイディアは出なかった。

(4) 解答 3

〜といわず〜といわず（名＋といわず、名＋といわず）

意味：〜や〜など、例外なく全部

① うちの母は、昼といわず、夜といわず、電話をかけてくるので、困っている。
② 大雨で水が家まで入ってきて、廊下といわず、部屋といわず、水浸しになってしまった。
③ 車に乗るとき、ファンの女の子たちは、手といわず、髪といわず、引っ張ってくるので、大変なんです。

この表現も重要　1　〜というか〜というか

意味：〜とも言えるし〜と言うこともできる
　　　（思いついた印象や判断をそのまま述べるときに用いる）

① あの男、また無断欠勤か。非常識というか、無責任というか、あきれてものが言えないな。
② ユニークというか、個性的というか、とにかくちょっと変わってるよね。あの人。

(5) 解答 3

〜にいわせれば　※〜には人を表す名詞がくる

意味：〜の意見では（〜の意見が強く確かなときに用いる）

① 返ってきた答案を見て、先生の文句を言う人がいるけど、わたしにいわせればそれはただの努力不足だと思うわ。
② わたしは、死ぬかと思いながら登ったのだが、父に言わせれば富士山など、登山のうちに入らないのだそうだ。
③ わたしに言わせれば、君たちが言っている苦労なんて、苦労でもなんでもない。

◆第8回　確認問題◆

(1) 4歳の息子は、机＿＿＿＿＿＿、壁＿＿＿＿＿＿、どこにでもクレヨンでかいてしまうので、困っているのよ。

　　1　というか／というか　　　　2　といえ／といえ
　　3　といわず／といわず　　　　4　といって／といって

(2) 見たい映画か。今は、これ＿＿＿＿＿＿ないなあ。

　　1　という　　2　といえ　　3　といって　　4　といった

(3) 携帯やＥメール＿＿＿＿＿新しい通信手段の発達が我々の暮らしを大きく変えた。

　　1　といわず　　2　といって　　3　といい　　4　といった

(4) 12月ともなると窓＿＿＿＿窓に飾りがつけられ、クリスマスの雰囲気を盛り上げている。

　　1　といい　　2　という　　3　といわず　　4　といった

(5) 僕に＿＿＿＿＿＿、こんなの歌じゃない。ただ、どなっているだけだ。

　　1　いえば　　2　いわれれば　　3　いわせれば　　4　いわせられれば

(6) うちのお父さんは、まじめ＿＿＿＿＿＿、頭がかたい＿＿＿＿＿＿、もう少し人生を楽しめばいいのにと思うんだけどね。

　　1　といい／といい　　　　2　といわず／といわず
　　3　というか／というか　　4　とはいえ／とはいえ

(7) また、約束を破るつもり？　今度＿＿＿＿＿＿今度は、絶対に許さないからね。

　　1　という　　2　といい　　3　といって　　4　といった

(8) わたしは、赤や黄色＿＿＿＿＿＿暖かい感じの色が好きだ。

　　1　とはいえ　　2　といい　　3　といえる　　4　といった

第9回
動詞を使った表現 その他1

◇練習問題◇

(1) いつもお世話になっている杉山さんの頼み＿＿＿＿＿＿、断るわけにはいかないよ。　　　　　　　　　　　　　　　　　　　　　　　　　　　　　　　[03年]

　　1　とあったら　　　　　　　　2　とあれば
　　3　にあったら　　　　　　　　4　にあれば

(2) 佐藤教授とも＿＿＿＿＿＿人がこんな簡単な問題を間違えるなんて、信じられない。

　　1　あらん　　　　　　　　　　2　あっての
　　3　あろう　　　　　　　　　　4　ある

(3) こんなに暑いのに、その上、停電＿＿＿＿＿＿、仕事なんてやっていられないよね。

　　1　ときたところで　　　　　　2　にしたところで
　　3　ときたひには　　　　　　　4　にしたひには

(4) 夫の誕生日を忘れるなんて、わたし＿＿＿＿＿＿どうしたんでしょう。

　　1　としたことが　　　　　　　2　にしてからが
　　3　におかれましては　　　　　4　をおいては

(5) こんな小さい子供に1人で留守番させるなんて、何もなかったから＿＿＿＿＿＿、事故でも起きたら、どうするつもりなの。

　　1　いいことに　　　　　　　　2　いいようなものの
　　3　よさそうなことで　　　　　4　いいものを

第9回　この表現をおぼえよう！

(1) 解答 2

〜とあれば

　　意味：〜という特別な状況なら、〜も受け入れる

　　① 彼は、金のためとあれば、何でもやる男だ。
　　② 愛する娘の受験とあれば、この程度の出費はやむをえないだろう。
　　③ 大統領を守るためとあれば、わたしは、命だって捨てる覚悟です。

(2) 解答 3

〜ともあろう人／者が

　　意味：地位・信用が高い人が〜
　　　　　（行うべきではないことをやったときに用いる）

　　① 大学教授ともあろうものが万引きをするなんて、驚いた。
　　② 校長先生ともあろう人が学校の設立された年を知らないなんて信じがたい。
　　③ 大統領ともあろう者がセクハラ問題で訴えられるとは、前代未聞の事件である。

(3) 解答 3

〜ときたひには

　　意味：〜という状況のときは
　　　　　（普通ではない、極端な状況を示すときに用いる）

　　① サッカー好きの国民だから、ワールドカップで優勝ときたひには、お祭り騒ぎで、大変だったよ。
　　② 毎日、忙しい店だけど、月末の金曜ときた日には、まさに目が回りそうだよ。
　　③ 金も時間もない、その上、わがままときた日には、恋人などできるわけがない。

(4) 解答 1

〜としたことが　※〜には自分をはじめ人を表す名詞がくる

　意味：〜のような人が
　　　　（〜がその能力などにふさわしくないことをしたというニュアンス）

① おれとしたことがこれくらいの山登りでばてるなんて……。
② こんな小さいミスを続けるとは、ベテランの君としたことがどうしたんだ。
③ わたしとしたことが社長のカップを間違えるなんて……。秘書失格だわ。

この表現も重要　3　〜におかれましては　[00年]　※〜には人を表す名詞がくる

　意味：〜の状態は
　　　　（手紙などで、目上の人の健康状態や近況などを話題にするとき用いる）

① 先生におかれましては、お元気でご活躍のことと存じます。
② 株主の皆様におかれましては、ますますご清栄のこととお喜び申し上げます。

(5) 解答 2

〜からいいようなものの

　意味：〜からよかったが
　　　　（〜じゃなかったら、大変だったというニュアンス）

① 事故が起きたのが、日曜日だったからいいようなものの、平日だったら、学校の子供たちがいて、大惨事になっていたかもしれない。
② 曇っていたからいいようなものの、天気がよかったら、マラソン中に、熱中症で倒れる人もたくさん出たと思うよ。
③ うちの学校は、学生の数が少ないからいいようなものの、あなたの学校のように、400人以上も学生がいたら、防災訓練も大変でしょうね。

◆第9回　確認問題◆

(1) 危うく詐欺にあうところだった。僕＿＿＿＿＿＿娘の声を聞き間違えるなんて……。

　　1　とすることが　　2　としたことが　　3　とするものが　　4　としたものが

(2) ミスに気づいたのが僕＿＿＿＿＿＿、店長だったら、首になるかもしれないよ。

　　1　としたことが　　　　　　　　2　としたものが
　　3　だからいいようなことの　　　4　だからいいようなものの

(3) 電話も携帯も使えず、交通もマヒ状態＿＿＿＿＿＿、連絡のとりようがない。

　　1　とするひには　　2　としたひには　　3　とくるひには　　4　ときたひには

(4) 愛するあの人のため＿＿＿＿＿＿、家族だって捨てられます。

　　1　とあるなら　　2　とあろうが　　3　とあれば　　4　とあって

(5) 首相＿＿＿＿＿＿者が年金を納めていないなんて、許せないよ。

　　1　あっての　　2　ともあろう　　3　におかれる　　4　における

(6) 拝啓、中山先生に＿＿＿＿＿＿、お元気で毎日をお過ごしのことと存じます。

　　1　ありましては　　2　おりましては　　3　おかれましては　　4　ございましては

(7) 外国人登録証を持っていたから＿＿＿＿＿＿、持っていなかったら、警察に連れて行かれただろう。

　　1　いいことが　　　　　　　2　いいものを
　　3　いいようなことに　　　　4　いいようなものの

(8) 田村名人＿＿＿＿＿＿あんな子供に負けるなんて、どうしたんだろう。

　　1　とすることが　　　　　2　としたものが
　　3　ともあることが　　　　4　ともあろうものが

第10回

動詞を使った表現 その他2

◇練習問題◇

(1) 細かい点＿＿＿＿＿＿、全体的に見て、今回の計画は、成功だったと思う。

　　1 はおろか　　　　　　*2* はさておき
　　3 をはじめ　　　　　　*4* をよそに

(2) 新入社員＿＿＿＿＿＿、入社5年にもなる君がこんな基本的なことがわからないなんて困るじゃないか。　　　　　　　　　　　　　　　　　　　　［03年］

　　1 はおろか　　　　　　*2* もかまわず
　　3 なるがゆえに　　　　*4* ならいざしらず

(3) 首相の今日の言動は、非難され＿＿＿＿＿＿ほめられるものではないだろう。

　　1 からこそ　　　　　　*2* こそすれ
　　3 あるのみ　　　　　　*4* のみか

(4) 君1人なら＿＿＿＿＿＿、3人の友達もいっしょだなんて、とても泊めてあげられないよ。

　　1 さておき　　　　　　*2* なおさら
　　3 もとより　　　　　　*4* まだしも

(5) 最近、うちの妻は、家の仕事を＿＿＿＿＿＿、この俳優を追いかけるのに夢中になっている。

　　1 いうにおよばず　　　*2* ぜんていにして
　　3 いざしらず　　　　　*4* なおざりにして

第10回　この表現をおぼえよう！

(1) 解答 2

〜はさておき

　意味：〜については、今は話題にしないで（もっと重要な問題を話す）

① 学費の問題はさておき、この学生なら、間違いなくA大学に合格できるよ。
② 冗談はさておき、そろそろ今日の議題についての話をしましょう。
③ 何はさておき、まずは乾杯しましょうよ。慣

(2) 解答 4

〜は／ならいざしらず

　意味：〜についてはわからないが・〜ならしかたがないが

① 10年前はいざしらず、今どき、コンピュータに触ったこともないなんて笑われてしまうよ。
② 小学生ならいざ知らず、大学生にもなって米が炊けないなんて信じられないな。
③ 大都市ならいざ知らず、この小さい町に美術館なんて作っても、だれも来ないよ。

(3) 解答 2

〜こそすれ（動ーます・名＋こそすれ）

　意味：〜しても、〜けれども（逆接の表現を強調する。古い言い方）

① 日本で暮らしたいという外国人は、増えこそすれ、減ることはないと思うな。
② 確かに厳しい先生だったけど、感謝こそすれ、恨みなんて決してない。
③ 君から連絡が来たら、喜びこそすれ、迷惑なんて絶対に言わないよ。

(4) 解答 4

〜は／ならまだしも

意味：～くらいならいいが・許せるが

① 旅行の帰りならまだしも、行きにかばんがなくなるなんて、最悪だね。
② 昼はまだしも、夜にこんな大きい音を出されては、困ります。
③ 名前くらいならまだしも、電話番号や住所を知らない人に教えるなんて、危ないよ。

(5) 解答 4

～をなおざりにして

意味：やらなければならない～をやらずに

① あの社員は、仕事をなおざりにして、インターネットに夢中になっている。
② 受験勉強をなおざりにして、遊んでばかりいると、後で後悔しますよ。
③ 基本をなおざりにして、難しいことに挑戦しても、絶対にうまくいかない。

この表現も重要 **1　～はいうにおよばず**　[03年]

意味：～は言うまでもなく・～はもちろん

① 外国で生活するなら、その国の言葉はいうにおよばず、習慣や文化も身に付けなければならない。
② 夏休み最後の日曜日、海や遊園地は言うに及ばず、図書館や博物館も親子連れでいっぱいだった。

この表現も重要 **2　～をぜんていに（して）**

意味：～するために、～を条件として

① 今後、子供の数がさらに減ることをぜんていに、政策を考えなければならない。
② このツアーは、日本チームがワールドカップに出場することを前提にして、企画されたものです。

◇第10回　確認問題◇

(1) 初めて_____、3回も来ているのに、また道に迷うなんて……。

　　1　はさておき　　2　ならいざしらず　　3　もかまわず　　4　をぜんていに

(2) 自分1人なら_____、家族がいっしょだったから、無理はできなかった。

　　1　およばず　　2　さておき　　3　まだしも　　4　こそすれ

(3) 我が社の業績は今年最悪だった。来年は、プラスに_____、マイナスになることはないよ。

　　1　なりこそすれ　　2　なるこそすれ　　3　なりまだしも　　4　なるまだしも

(4) 歴史を_____にして、経済協力だけしても、A国との信頼関係は築けない。

　　1　いざしらず　　2　さておき　　3　ぜんてい　　4　なおざり

(5) 結果_____、今日の日本チームは、なかなかいい試合をしました。

　　1　はおろか　　2　はさておき　　3　はまだしも　　4　はなおざりに

(6) 愛子さん、結婚を_____、僕と付き合ってくれませんか。

　　1　まだしも　　2　こそすれ　　3　ぜんていに　　4　なおざりに

(7) このガイド試験に合格したかったら、日本語の実力は_____、日本の地理や歴史に関してもかなりの知識がなければならない。

　　1　いざしらず　　2　いうにおよばず　　3　さておき　　4　まだしも

(8) 冗談_____、君には才能がある。本当に歌手になれるかもしれないよ。

　　1　をなおざりに　　2　をよそに　　3　はまだしも　　4　はさておき

◆第6回～第10回　復習問題◆

(1) 趣味と実益を_____、始めたジャズ喫茶が成功し、この秋に3つ目の店を開くことになった。

    1　おして　　　2　かねて　　　3　へて　　　4　のっとって

(2) 仕事に_____、家庭を顧みなかったことを後悔している。

    1　かまけて　　　2　てらして　　　3　ひかえて　　　4　ふまえて

(3) わたしの人生_____最大の幸運は、君に出会えたことだ。

    1　とあれば　　　2　とあっては　　　3　におかれる　　　4　における

(4) この求人広告にのっている会社_____会社全部に履歴書を送ってみるよ。

    1　という　　　2　といって　　　3　といった　　　4　といわず

(5) 2週間後に新製品の発売_____、スタッフたちは、ほとんど徹夜で作業をしている。

    1　にかこつけて　　　2　にのっとって　　　3　をひかえて　　　4　をふまえて

(6) 警察官とも_____者が飲酒運転で捕まるとは。世の中一体どうなってるの。

    1　あっての　　　2　あろう　　　3　おかれての　　　4　おける

(7) 1週間なら_____、1ヶ月も仕事を休むなんて、とても無理ですよ。

    1　こそすれ　　　2　さておき　　　3　まだしも　　　4　もとより

(8) わたし_____この程度の熱で倒れるなんて情けない。

    1　とすることが　　　2　とするものが　　　3　としたことが　　　4　としたものが

(9) 部長にはあんなにお世話になったんじゃないか。感謝_____悪口を言うなんて、絶対に間違ってるぞ。

　　1　といわず　　　2　とはいえ　　　3　こそしろ　　　4　こそすれ

(10) あなたに_____、わたしの悩みなどつまらないことなのでしょうね。

　　1　いえば　　　2　いわせれば　　　3　いわれれば　　　4　いわせられれば

(11) プロの手に_____、これくらいの故障、30分で直ってしまうよ。

　　1　あたっては　　　2　あてては　　　3　かかっては　　　4　かけては

(12) この地方の結婚式は、伝統的な様式_____、行われる。

　　1　にうってかわって　　　　　2　にかまけて
　　3　にのっとって　　　　　　　4　にまつわって

(13) 仕事は忙しい。給料は安い。その上、人間関係が最悪_____、だれだって辞めたくなるよ。

　　1　とくるひには　　　2　ときたひには　　　3　とすることが　　　4　としたことが

(14) 愚痴(ぐち)_____、とりあえずこの仕事をかたづけてしまおう。

　　1　はさておき　　　2　をなおざりに　　　3　ならいざしらず　　　4　とうってかわって

(15) その試験には、講義やアルバイト_____学生生活をテーマにした問題が多く出題される。

　　1　というの　　　2　といえ　　　3　といって　　　4　といった

(16) 事件を起こした学生の処分は、学則_____、決定される。

　　1　とうってかわって　　　　　2　にてらして
　　3　はいうにおよばず　　　　　4　をかねて

第11回

初級の応用（1）

◆練習問題◆

(1) みんなは無理だと言うけど、わたしは絶対に東京大学に合格して＿＿＿＿＿＿。

    1　みる　　　　　　　　2　みよう
    3　みせる　　　　　　　4　みろ

(2) もう我慢できない。こんな条件の悪いバイトはやめて＿＿＿＿＿＿。

    1　みる　　　　　　　　2　みろ
    3　やる　　　　　　　　4　やれ

(3) えっ？　給料が安すぎる？　そんなこと店長に言って＿＿＿＿＿＿、もう来なくていいと言われるに決まっている。

    1　みよう　　　　　　　2　みろ
    3　やろう　　　　　　　4　やれ

(4) あしたはテストなんだ。静かにして＿＿＿＿＿＿。

    1　あげろ　　　　　　　2　もらえ
    3　くれろ　　　　　　　4　くれ

(5) 彼女はほかの人が遠慮して言えないようなことを、平気で言って＿＿＿＿＿＿。

    1　たまるか　　　　　　2　なるか
    3　よける　　　　　　　4　のける

第11回 この表現をおぼえよう！

(1) 解答 3

〜みせる（動－て＋みせる）

　意味：自分の力を証明するために、必ず〜するという決意を表す

① この子は、父親なしでもわたし1人で育ててみせます。
② こんなけがは、試合の日までに治してみせるさ。
③ 高校生の数学の問題ぐらい、今すぐにでも解いてみせますよ。

(2) 解答 3

〜やる（動－て＋やる）※使役のて形（〜せて）に接続することもある

　意味：相手の嫌がることをして相手を困らせたい、攻撃的・挑戦的な気持ちを表す

① 言ってもわからないなら、殴ってやる。
② あなたがわたしと結婚してくれないなら、死んでやる。
③ 妹を泣かせたやつはだれだ。謝らせてやる。
④ こんな不良品を売りつけられては黙っていられない。返金させてやる。

(3) 解答 2

〜みろ（動－て＋みろ）

　意味：もし、〜をしたら／〜になったら、悪い結果になることが予想される

① 偉くならなくてもいいじゃないか。部長になんかなってみろ、自分の考えで動けなくなると思うぞ。
② 夏休みのお盆の時に遊園地になんか行ってみろ、混雑で歩けやしない。
③ うそをついて学校をサボったことが親にばれてみろ、家に入れてもらえない。

(4) 解答 4

～くれ（動－て＋くれ）※男性が目下や対等の関係にある相手に使う

意味：～してください（強い依頼や指示の表現）

① もう話すことは何もない。帰ってくれ。
② 今日の仕事が片付いていないのに帰る気か。きちんと終わらせてくれ。
③ この資料、あしたの会議で使うから、今日中にまとめておいてくれ。

(5) 解答 4

～のける（動－て＋のける）

意味：ためらわず、苦労せずに、人が驚くことをやってしまう

① 彼女は18歳にして、「お金がない男性には興味がないの」と言ってのけた。
② 彼は読解が得意で、普通の人なら30分かかる問題をたった10分でやってのけた。
③ 彼女は史上初のオリンピック３連覇をやってのけた。

> この表現も重要

1 ～たまるか（動－て＋たまるか）

意味：悔しいので～わけにはいかない

① お前のような汚いやり方をする人間に負けてたまるか。
② 先輩に才能がないと言われても、あきらめないぞ。やめてたまるか。
③ このくらいの病気で、死んでたまるか。

◇第11回　確認問題◇

(1) わたしの父は世界的に有名な体操の選手だった。わたしも技を磨いていつか父を超えて＿＿＿＿＿＿。

　　1　みせる　　　2　みろ　　　3　みよう　　　4　みせろう

(2) 両親は優秀な兄ばかりかわいがる。いつか絶対に家出＿＿＿＿＿＿。

　　1　させてみる　　2　してみる　　3　させてやる　　4　してやる

(3) わたしをふったあの男を、いつか後悔＿＿＿＿＿＿。

　　1　されてやる　　2　させてやる　　3　されてやれ　　4　させてやれ

(4) 開場前からこんなにたくさんの人が並んでいるのに、急にコンサート中止を発表をして＿＿＿＿＿＿、混乱が起きるに違いない。

　　1　みせろ　　　2　みろ　　　3　みせよう　　　4　みよう

(5) おれは負け犬じゃない。これくらいの失敗で、あきらめて＿＿＿＿＿＿。

　　1　やるか　　　2　やらないか　　3　たまるか　　　4　たまらないか

(6) 言いたいことがあるならはっきり言えよ。陰で文句を言うのはやめて＿＿＿＿＿＿。

　　1　のける　　　2　たまるか　　　3　みろ　　　4　くれ

(7) この子供は、大人3人で1時間考えてもできなかったパズルをいとも簡単にやって＿＿＿＿＿＿。

　　1　やがった　　　2　たまった　　　3　のけた　　　4　やった

(8) あなたが話し合いに応じないなら、法に訴えて＿＿＿＿＿＿。

　　1　みろ　　　2　くれ　　　3　やる　　　4　もらう

第12回

初級の応用（2）

◇練習問題◇

(1) 彼女はそのプレゼントが気に入らなかった_____、受け取ったあと少しも笑顔を見せなかった。

　　1　となると　　　　　　　　2　となって
　　3　とみえて　　　　　　　　4　とみられて

(2) スピーチ大会では、俳優に_____つもりで気持ちをこめて話してください。

　　1　なる　　　　　　　　　　2　なった
　　3　なろう　　　　　　　　　4　なっての

(3) いじめの被害にあった子供は、同じクラスの子供に_____ままに、お金を渡しており、奪い取られた金額は30万円に上った。

　　1　言われる　　　　　　　　2　言わせる
　　3　言われた　　　　　　　　4　言わせた

(4) 最近の異常気象は、都心部の人口過密に強い関係がある_____。

　　1　とさせている　　　　　　2　とされている
　　3　としている　　　　　　　4　とさせられている

(5) 書類を出す前に、不備がないか_____なら、こんな面倒なことにならなかったのに。
　　　　　　　　　　　　　　　　　　　　　　　　　　　　　　　　　　[02年]

　　1　確認する　　　　　　　　2　確認した
　　3　確認しよう　　　　　　　4　確認しない

第12回　この表現をおぼえよう！

(1) 解答　3

～とみえて

　　意味：この状況は～と予想される

　① 娘は恋人と出かけるとみえて、ずいぶんおしゃれをしている。
　② あの学生は何かあったと見えて、今日は一言も口をきかない。
　③ 彼は最近忙しいと見えて、ぜんぜん連絡が来ない。

この表現も重要　1　～となると

　① お互いの両親と食事会をしたとなると、もうそろそろあの2人も結婚かな。
　　⇒　～という状況になると（現状）
　② 長い休暇はうれしいものだが、1週間も休むとなるとかえって心配になる。
　　⇒　～という場合を考えると（仮定）
　③ 今日こそは自分の気持ちを伝えようと思っていたのに、いざとなると言えない。慣

この表現も重要　4　～とみられている　[03年]

　　意味：客観的に～と考えられている・予想されている

　① 日本語を学習する外国人の数はさらに増加するとみられている。
　② 不正事件を起こしたA社の社長は近日中に辞任すると見られている。
　③ 今回逮捕された犯人は、5年前の事件にも関与していると見られている。

(2) 解答　2

～つもりで（動－た＋つもりで）

　　意味：～した／～なったと仮定して（事実に反する内容を表す）

　① わたしは留学生の保証人なので、彼らの親になったつもりで面倒をみている。
　② 新しい職場では、生まれ変わったつもりで、真面目に働くと決意しました。
　③ **死んだつもりで頑張ります。**慣

(3) 解答 1

〜まま（に）（動－辞＋まま（に））　※受身で用いられることも多い

　意味：〜の通りに・状況に従って

① この企画はあなたに任せるから、あなたの思うままに進めていいよ。
② もっといい方法があると思ったが、社長に指示されるままに従った。
③ その難破船は波に流されるままに、小さな島にたどり着いた。

(4) 解答 2

〜とされている

　意味：〜と推定される

① 数字には表れていないが、今月の飲酒運転取締りはかなりの効果があったとされている。
② この絵は、あの有名なピカソが描いたとされているが、昔のこととて詳細は定かではない。
③ 古代、病気や災害は悪い霊が原因で発生するとされていた。

(5) 解答 2

〜なら（動－た＋なら）

　意味：過去に〜たら、今と違う結果になった

① あの時、本当の気持ちが言えたなら、2人は幸せになれたのに。
② わたしを犯人だと疑っているんですね。わたしがやったなら、こんなに落ちついていられませんよ。
③ 両親が、留学することに反対したなら、わたしは日本に来なかっただろう。

◆第 12 回　確認問題◆

(1) 新法案は、次の国会で過半数の承認を得て成立すると＿＿＿＿＿＿＿。

　　1　見えている　　　2　見せている　　　3　見られている　　　4　見ている

(2) 休日、気分転換を兼ねて＿＿＿＿＿＿＿、車を走らせた。

　　1　気の向いたままに　　　　　　　　2　気の向くままに
　　3　気の向いたつもりで　　　　　　　4　気の向くつもりで

(3) 彼女はダイエット中＿＿＿＿＿＿＿、甘いものには手をつけない。

　　1　となって　　　2　とみられて　　　3　とみえて　　　4　となられて

(4) 仮に、3人でやっている今の仕事を1人でする＿＿＿＿＿＿＿、今のように5時には帰れないなあ。

　　1　とみると　　　2　とみられて　　　3　となると　　　4　となって

(5) 去年の健康診断で病気に気付いた＿＿＿＿＿＿＿、助かったのに。

　　1　とみえて　　　2　となると　　　3　まま　　　4　なら

(6) この薬、ダイエットに効きますよ。＿＿＿＿＿＿＿つもりで2週間使ってみてください。

　　1　だます　　　2　だました　　　3　だまされる　　　4　だまされた

(7) わたしは交際していた彼女と＿＿＿＿＿＿＿つもりだったのに、ふられてしまった。

　　1　結婚する　　　2　結婚した　　　3　結婚し　　　4　結婚しよう

(8) アメリカ大陸は、コロンブスが発見した＿＿＿＿＿＿＿。

　　1　となっている　　　　　　　　2　とみえている
　　3　とかんがえている　　　　　　4　とされている

第13回

初級の応用（3）

◇練習問題◇

(1) あの人の持って来る話は、裏がありそうで、返事が_____。

    1　ためらう　　　　　　　　2　ためらわせる
    3　ためらわれる　　　　　　4　ためらわされる

(2) 同僚の恵子さんの冗談はユニークでいつも思わず_____。　　　［99年］

    1　笑われた　　　　　　　　2　笑わせた
    3　笑わせられた　　　　　　4　笑わさせられた

(3) あこがれのサッカー選手の話を、子どもたちは目を_____、聞いていた。

    1　輝いて　　　　　　　　　2　輝かれて
    3　輝かせて　　　　　　　　4　輝かされて

(4) 動物の生態を紹介するテレビ番組を見て、親子の愛情_____。　　　［99年］

    1　に心を打った　　　　　　2　に心を打たれた
    3　に心を打たせた　　　　　4　に心を打たせられたる

(5) 漢字が苦手だったルーシーさんが、来日1年で新聞が読めるまでになったと聞き、_____。

    1　感心する　　　　　　　　2　感心した
    3　感心された　　　　　　　4　感心させた

第13回　この表現をおぼえよう！

(1) 解答　3

れる／られる（自発の用法）

※考える・思う・思い出す・感じる・悔やむ・ためらう　などと一緒に使う

意味：自然と〜になってくる

① アルバムを眺めていると、高校時代が昨日のことのように思い出される。
② あの一球を投げなければ……。試合に勝利できなかったことが悔やまれる。
③ 東京に来たら行くと決めてたんだ。浅草は本当に下町の風情が感じられる町だね。
④ 今年の新入社員ときたら初日から二時間も遅刻するなんて、この先が思いやられるよ。（慣 これから先が心配だ）

(2) 解答　3

使役受身（感情や思考を表す用法）

意味：相手に強制されたのではなく、自分の感情や思考に影響があったことを表す表現

① いつもはふざけてばかりの彼女の真剣な視線にドキッとさせられた。
② 子育ては予期できないことばかりだ。今朝も娘の急な発熱に慌てさせられた。
③ 東京に来てからというもの、毎朝カラスの鳴き声に悩まされている。
④ アルバイトであっても最後までやりぬく彼女の責任感には感心させられる。

(3) 解答　3

体の部分＋を＋使役形を使った慣用表現

① 新入生は新しい生活を前に、期待で胸をふくらませている。
② 彼女は遅刻ギリギリに、息を弾ませて駆け込んできた。
③ あっ、いけない。つい口を滑らせて秘密をしゃべってしまった。
④ そんな簡単なこと、ちょっと頭を働かせればわかることだ。
⑤ 話の核心に迫ると、彼女は顔を曇らせた。

(4) 解答 2

受身を使った慣用表現

① 姉は、**家庭に縛られる**（家庭を持つことで自由を奪われる）のは嫌よと言って、お見合いの話を断っている。
② 社会人になってからは、**時間に追われる**（休む暇がないほど忙しい）毎日だ。休みを取って温泉にでも行きたいなあ。
③ **世間の荒波にもまれて**（現実の厳しい状況で苦しい目にあって）、彼も一人前になった。
④ わたしは**後ろ指を指される**（陰で非難される）ようなことをした覚えはない。
⑤ 彼女の演奏を聴き、美しい響きに**心が洗われた**。（疲れた心がさわやかになる）

参考 使役を使った慣用表現

① 今、上野公園の桜がちょうど**花を咲かせています**。（花が咲いている状態）
② 真夜中、急に彼女に会いたくなって横浜の彼女のうちまで**車を走らせた**。（車を運転してそこまで行く）
③ わたしは、将来世界的な発明をしてみんなを**あっと言わせたい**。（驚かせる）
④ 彼女は彼に会いたいという**思いを募らせている**。（〜気持ちがどんどん強くなっている）
⑤ 部長は、「もちろん、できるよな」といいながら仕事の指示を出し、部下に**有無を言わせない**。（選択の余地を与えない）

(5) 解答 2

間違えやすい表現

① 父は、幼いころ貧しくてつらい思いをしたので、安定した職業を選んだそうだ。
　　（×つらい思いをされたので）
② 試合時間終了まであきらめずに戦いつづける選手たちの姿を見て、感動した。
　　（×感動された）
③ 日本における家庭での男女の役割はこれからさらに変化するだろう。
　　（×変化されるだろう）
④ 中国のＷＴＯ加盟は国際経済に大きな影響を与えた。
　　（×影響を与えさせた）

◇第13回　確認問題◇

(1) 規則を破った彼が悪いが、そんな重い罰を与えるのはかわいそうに＿＿＿＿＿＿。

　　1　思われる　　　　2　思わせる　　　　3　思わせれる　　　4　思わせられる

(2) この30年、仕事に＿＿＿＿＿＿生活をしてきた。定年後は妻とのんびり暮らしたい。

　　1　追う　　　　　2　追われる　　　　3　追わせる　　　　4　追わせられる

(3) 来月予定していた旅行に仕事で行けなくなった伝えると、彼女は口を＿＿＿＿＿＿。

　　1　とがった　　　2　とがられた　　　3　とがらせた　　　4　とがらせられた

(4) 国際協力のために自費で支援活動をしている人の講演を聴き、自分の生き方について＿＿＿＿＿＿。

　　1　考えられた　　2　考えさせた　　　3　考えさせられた　4　考えらせた

(5) あの有名な指揮者のコンサートに行き、すばらしい音楽に＿＿＿＿＿＿。

　　1　感激した　　　2　感激された　　　3　感激させた　　　4　感激させられた

(6) 忙しい日々の中、休みを使って訪れた山の大自然に心が＿＿＿＿＿＿。

　　1　洗った　　　　2　洗われた　　　　3　洗わせた　　　　4　洗わせられた

(7) うちの娘は運転免許を取りたてなので、車で出かけた日は一日中＿＿＿＿＿＿。

　　1　心配される　　2　心配させる　　　3　心配させれる　　4　心配させられる

(8) 誕生日パーティーの話を落合さん本人に秘密で進めている。もしメンバーのだれかが口を＿＿＿＿＿＿、せっかくの計画が水の泡だ。

　　1　滑ったら　　　2　滑られたら　　　3　滑らせたら　　　4　滑らせられたら

第14回

助詞に気をつけて

◇練習問題◇

(1) あしたから待ち＿＿＿＿＿＿待った夏休みが始まる。

　　　1 で　　　　　　　　　　*2* と
　　　3 ど　　　　　　　　　　*4* に

(2) 火災発生の知らせを聞く＿＿＿＿＿＿、消防士たちは飛び出していった。

[03年]

　　　1 が　　　　　　　　　　*2* に
　　　3 は　　　　　　　　　　*4* や

(3) その選手は、マラソン初出場ながら、第2位＿＿＿＿＿＿、大健闘した。

　　　1 が　　　　　　　　　　*2* と
　　　3 も　　　　　　　　　　*4* を

(4) 10月24日午後3時より板橋教会＿＿＿＿＿＿、中田、原、両家の結婚式が行われます。

　　　1 でて　　　　　　　　　*2* とて
　　　3 にて　　　　　　　　　*4* ては

(5) この詩は、わたしから結婚するあなた＿＿＿＿＿＿贈り物です。

　　　1 での　　　　　　　　　*2* との
　　　3 にの　　　　　　　　　*4* への

第14回　この表現をおぼえよう！

(1) 解答　4

〜に〜［1］（動－ます＋に＋動）※〜には同じ動詞がくる

意味：とても・非常に（程度が激しいことなどを強調する）

① 駅まで走りに走って、予定通りの新幹線に乗ることができた。
② その小説は、若者たちの共感を呼び、売れに売れている。
③ 決して失敗はできないから、計画を練りに練ってくれ。

〜に〜［2］（名＋に＋名）

意味：〜するとすぐに・〜という組み合わせの

① 彼は、ジーンズにTシャツといった服装がよく似合う。
② 日本の朝食といえば、やっぱりごはんにみそしるでしょう。

(2) 解答　4

〜や［1］（動－辞＋や）

意味：〜するとすぐに・〜や否や

① その監督は、選手が手を抜いていると見るや、交替を命じる。
② その俳優は記者会見を終えるや、自家用機に乗って、次の目的地へ向かった。
③ 彼女は出社し、デスクにつくや、パソコンをつけて、仕事を始めた。

〜や［2］（名＋や＋名）※〜には数を表す名詞がくる

意味：たいした数ではない・多くない

① 直美も年頃なんだから、ボーイフレンドの1人や2人いてもおかしくないわよ。
② 1年や2年、すぐに過ぎるよ。僕たち、2人の気持ちは変わりっこないさ。

(3) 解答 2

～と

意味：～のような状態／様子で

① 職場の机の上には、片付けなければいけない仕事の書類が山と積まれている。
② 月、水、金とコンビニでバイトして、土、日は、家庭教師をしているの。
③ わたしたちは、西へ西へと旅を続けた。

(4) 解答 3

～にて

意味：～で（場所などを表す。手紙など書き言葉で用いる）

① では、また新学期に学校で。2004年8月1日　京都にて　加藤愛子
② これより展望レストランにて昼食となります。その後、2時まで自由行動です。
③ 本日は、これにて失礼いたします。慣

この表現も重要　2　～とて（動－た・名－だ＋とて）

意味：～ても・でも（文章で用いられるかたい言い方）

① いまさら勉強したとて、学者になれるわけではない。
② たとえ親友の頼みだとて、ない金は、貸せない。

(5) 解答 4

助詞の重なり

① この人形は、妹へのお土産なんだ。（動作を働きかける相手を示す）
② 彼女との結婚は、失敗だった。（いっしょにする相手を示す）
③ 百万円もの大金をすぐに用意するのは無理だ。（多さや大きさを示す）
④ 土曜日までにこの仕事を終わらせてくれ。（期限や区切りを示す）
⑤ 土曜日にまで働かせるなんて、ひどい会社だ。（極端な状態を示す）

◇第14回　確認問題◇

(1) 考え＿＿＿＿＿＿考えた末、今の仕事を辞め、フランスに留学することにした。

　　　1　で　　　　2　と　　　　3　に　　　　4　は

(2) 7月、8月＿＿＿＿＿＿、悪いことが続いたから、9月は、いい月にしなくちゃ。

　　　1　で　　　　2　と　　　　3　にて　　　4　への

(3) 職場のみんな＿＿＿＿＿＿おみやげを買わなくちゃ。何にしようかな。

　　　1　での　　　2　との　　　3　にの　　　4　への

(4) 南部デパートにご来店、ありがとうございます。本日、当店8階、催し物広場＿＿＿＿＿＿、「大北海道祭り」を開催しております。

　　　1　でて　　　2　とて　　　3　にて　　　4　へと

(5) 山田医師は、その患者を一目見る＿＿＿＿＿＿、手術室に運ぶようにと指示した。

　　　1　が　　　　2　に　　　　3　は　　　　4　や

(6) 一度＿＿＿＿＿＿二度の失敗は、だれにでもある。あまり気にするなよ。

　　　1　が　　　　2　で　　　　3　と　　　　4　や

(7) 彼は、緑のシャツ＿＿＿＿＿＿赤い上着という派手な服装で現れた。

　　　1　が　　　　2　の　　　　3　に　　　　4　は

(8) ＿＿＿＿＿＿に迷ったのだけれど、やはりそのマンションを買うのはやめた。

　　　1　迷う　　　2　迷い　　　3　迷った　　4　迷わず

第15回

「くらい・ばかり」などを使った表現

◇練習問題◇

(1) そんなに毎月高いお金を払う＿＿＿＿＿＿買ったほうが得だね。　　　［03年］

  1　くらいなら　　　　　　　2　くらいのもので
  3　くらいのことで　　　　　4　くらいだと

(2) サッカーを見に行くために、会社を辞めるバカはお前＿＿＿＿＿＿。　　　［03年］

  1　くらいのことだ　　　　　2　くらいならだ
  3　くらいのものだ　　　　　4　くらいだけだ

(3) 不正を＿＿＿＿＿＿いい成績をとる必要があるのだろうか。　　　［03年］

  1　してから　　　　　　　　2　してまで
  3　しようから　　　　　　　4　しようまで

(4) 人のうちに突然来て「恋人も一緒に泊めて」なんてずうずうしいにも＿＿＿＿＿＿。

  1　ものがある　　　　　　　2　くらいのものだ
  3　ほどがある　　　　　　　4　ばかりのものだ

(5) 大学も卒業したし、いつまでも親に頼って＿＿＿＿＿＿はいられないと思い、
　　1人暮らしを始めた。

  1　まで　　　　　　　　　　2　くらい
  3　ほど　　　　　　　　　　4　ばかり

第15回　この表現をおぼえよう！

(1) 解答　1

〜くらいなら（動－辞＋くらいなら）

意味：〜するよりも……（〜するのはあまりよくないと思っている）

① 納得できない仕事をさせられるくらいなら、会社を辞めて失業しても構わない。
② 無責任な発言をして後で謝るくらいなら、はじめから軽々しく言うな。
③ ダイエットでストレスをためるくらいなら、ちょっとの甘いものは食べたら。

(2) 解答　3

〜くらいのものだ

意味：……は〜のような特別な人や場合だけだ

① この不景気なときにボーナス額を上げられるのは、T社ぐらいのものだ。
② この会社で、部長に自分の意見をはっきり言えるのはあなたぐらいのものだ。
③ わたしが映画館に行くのは、女の子をデートに誘うときくらいのものだ。

(3) 解答　2

〜まで（動－て＋まで）

意味：〜という極端なことをして……を達成させる

① 嫌いな食べ物を無理に食べてまで、健康でいたいとは思わない。
② 自分の生活費を削ってまで、国にお金を送っている彼は本当にえらいね。
③ 彼は徹夜してまで花火大会の場所を確保したらしい。

参考　〜までして（名＋までして）

① この着物は祖母が借金までして、手に入れたものだから大切にしなければ。
② 胃薬飲んで飲みに行くの？　そこまでしてお酒が飲みたい？

(4) 解答 3

〜にもほどがある

意味：……するのは〜すぎる（不愉快な気持ちを表す）

① 「結婚して」ですって？あなたは既婚者のくせに、冗談にもほどがあるわ。
② この書類、計算も漢字も間違いだらけじゃないか。いいかげんにもほどがある。
③ 大変そうだったから手伝ってあげただけなのに、わたしがあなたのことを好きだなんて言いふらして……。勘違いにもほどがあるわ。

(5) 解答 4

〜ばかりは（も）いられない（動−て＋ばかりは（も）いられない）

意味：〜だけしていると、不都合が生じてしまう

① 次の試合からは接戦が予想される。予選を通過したからといって、喜んでばかりはいられない。
② 愛犬が死んでしまった。うちで泣いてばかりもいられないので、気分転換に習い事を始めた。
③ 健康のためには食事は手作りが一番。でも忙しい毎日、そう言ってばかりもいられない。

この表現も重要 4 〜ばかりだ（動−辞＋ばかりだ）［99年］

意味：あとは〜するだけの状態だ

① グラスにはそれぞれ飲み物が注がれて、乾杯の合図を待つばかりになっている。
② 食事の準備が終わって、あとは並べるばかりというときになって娘は「手伝うことある？」と聞きに来た。
③ この大学に合格するために、過去問題も問題集もやってきた。試験も面接もうまくいったし、あとは祈るばかりだ。

◇第15回　確認問題◇

(1) そのステレオ、捨てる_____、いただけませんか。

　　1　ほどがあって　　2　ばかりになって　　3　くらいなら　　4　くらいのもので

(2) その歌手が大好きな彼は、高い手数料を払って_____、業者からコンサートチケットを買ったそうだ。

　　1　なら　　　　　2　もの　　　　　3　まで　　　　　4　ほど

(3) こんな天気のいい日曜日に仕事をしているのは、おれたち_____。

　　1　くらいのものだ　　2　くらいならだ　　3　ばかりになっている　　4　ばかりもいられない

(4) 彼は手術後の回復が順調で、あとは退院が許可されるのを_____ばかりだ。

　　1　待つ　　　　　2　待って　　　　　3　待った　　　　　4　待っている

(5) あの友達が電話をかけてくるのは、何か頼みがあるとき_____。

　　1　ほどがある　　　　　　　　2　くらいのものだ
　　3　までのことだ　　　　　　　4　ばかりもいられない

(6) へらへら笑いながら謝罪にくるなんて、人をバカにする_____。

　　1　にもほどがある　　　　　　2　にもほどがない
　　3　ばかりになっている　　　　4　ばかりになっていない

(7) 今日までの仕事だと知っていながら、終わらせないまま帰るなんて無責任にも_____。

　　1　くらいのものではない　　　2　くらいのものだ
　　3　ほどがない　　　　　　　　4　ほどがある

(8) 彼は借金_____彼女にプレゼントする高級腕時計を買ったらしい。

　　1　するまで　　2　したまで　　3　してまで　　4　しようまで

◇第11回～第15回　復習問題◇

(1) ずいぶん前から＿＿＿＿＿＿結論なんだ。反対されても、今月で仕事を辞めるよ。

　　1　考えと考えた　　2　考えや考えた　　3　考えに考えた　　4　考えの考えた

(2) 外国語の習得には慣れも大切。日本人になった＿＿＿＿＿、積極的に使ってみよう。

　　1　つもりで　　　2　くらいなら　　　3　にて　　　4　とて

(3) あしたから夏休み。とはいえ、模擬試験も近いので、遊んで＿＿＿＿＿＿。

　　1　くらいのものではない　　　　2　くらいのものだ
　　3　ばかりはいられない　　　　　4　ばかりはいられる

(4) 新しい首相は、わたしが日本の政治を変えて＿＿＿＿＿＿と断言した。

　　1　みる　　　2　みられる　　　3　みせる　　　4　みせられる

(5) この年で転職すると＿＿＿＿＿、今より給料が下がってしまうだろう。

　　1　みえて　　　2　なると　　　3　みて　　　4　なって

(6) おれは男だ。人前で泣いて＿＿＿＿＿＿。

　　1　たまらなかったか　　　　2　たまっているか
　　3　たまったか　　　　　　　4　たまるか

(7) もっと早くから勉強しておけばよかったと、今になって＿＿＿＿＿＿。

　　1　くやませる　　2　くやまれる　　3　くやませられる　　4　くやまされる

(8) 集会で、戦争の体験談を聞く機会があり、平和とは何か＿＿＿＿＿＿。

　　1　考えられた　　2　考えさせた　　3　考えさせられた　　4　考えされた

(9) 今日は開店初日だというのに、あまり客が入らず、この先が＿＿＿＿＿＿。

　　1　思いやる　　　2　思いやられる　　　3　思いやらせる　　　4　思いやらされる

(10) 先輩に頭を下げてお金を借りる＿＿＿＿＿＿わたしが貸してあげたのに。

　　1　くらいのもので　　2　くらいなら　　3　ばかりのもので　　4　ばかりなら

(11) その子供は、わたしの顔を見る＿＿＿＿＿＿泣き出したので、困ってしまった。

　　1　にて　　　　　2　とて　　　　　3　に　　　　　4　や

(12) 犯人がまだ捕まっていないので、現場周辺の人々は、不安を＿＿＿＿＿＿。

　　1　募っている　　　　　　　　2　募られている
　　3　募らせている　　　　　　　4　募らせられている

(13) 朝晩が涼しくなり、秋の訪れが＿＿＿＿＿＿今日この頃、いかがお過ごしですか。

　　1　感じる　　　2　感じられる　　　3　感じさせる　　　4　感じさせられる

(14) 彼は早く帰りたいと＿＿＿＿＿＿、さっきから何度も時計を見ている。

　　1　みて　　　　2　みえて　　　　3　みられて　　　　4　みさせて

(15) この会社を辞める前に、今まで言いたかったことを全部社長に言って＿＿＿＿＿＿。

　　1　やる　　　　2　やられる　　　3　やらせる　　　4　やらせられる

(16) みんなで思いつく＿＿＿＿＿＿案を出して、その中から新商品の名前を決めよう。

　　1　ままに　　　2　なら　　　　3　つもりで　　　　4　ばかりに

第16回
名詞を使った表現

◇練習問題◇

(1) 子供に交通ルールを守れ、と言った＿＿＿＿＿＿、僕が信号無視をするわけにはいかないよ。　　　　　　　　　　　　　　　　　　　　　　　　　　　　　　　［03年］

　　1　手前　　　　　　　　　　2　手元
　　3　手際　　　　　　　　　　4　手順

(2) 夏休みに帰省した＿＿＿＿＿＿、両親と進路について話し合ってまいりました。

　　1　おりに　　　　　　　　　2　たびに
　　3　なみに　　　　　　　　　4　ふしに

(3) 久しぶりの家族旅行。これから出かけようとした＿＿＿＿＿＿、息子がおなかが痛いと言い出した。

　　1　あげくに　　　　　　　　2　しまつに
　　3　とたんに　　　　　　　　4　やさきに

(4) 転んだ＿＿＿＿＿＿に、コンタクトレンズを落としてしまった。

　　1　いたり　　　　　　　　　2　きっかけ
　　3　さかい　　　　　　　　　4　はずみ

(5) 40歳になったのを＿＿＿＿＿＿、会社を辞めて、自分の事務所を開いた。

　　1　きに　　　　　　　　　　2　さいに
　　3　もとに　　　　　　　　　4　たよりに

第16回　この表現をおぼえよう！

(1) 解答 *1*

～てまえ（動－普・名－の＋手前）

意味：～から
（話している人の立場や名誉を保つためにというニュアンスで用いる）

① 学生たちのてまえ、教師のわたしが酔っぱらうわけにはいかない。
② メニューの値段を見て驚いたが、部下たちに「今夜はおごる」と言った手前、今さら店を出られない。
③ 夫がT自動車に勤めている手前、N自動車の車を買うわけにはいかない。

(2) 解答 *1*

～おりに（は）（動－た・名－の＋折に（は））

意味：～ときに（改まった、ていねいな表現）

① その件に関しましては、次にお会いしたおりにゆっくりお話します。
② 契約の折に、これらの書類が必要となります。
③ 京都にいらっしゃった折には、ぜひ、また当店にお立ち寄りください。

> この表現も重要　3　～なみ（名＋並み）

意味：～と同じ程度

① うちの会社は、忙しすぎる。僕だって、世間の人なみに土日は休みたいよ。
② 明日の最高気温は30度で、平年並みの暑さとなるでしょう。

(3) 解答 *4*

～やさき（に）（動－た＋矢先（に））

意味：～を始めようとする、まさにそのとき

① 仕事を始めようとしたやさきに、お客さんから電話がかかってきた。

② これからはがんばって勉強するぞと思った矢先に風邪を引いてしまった。
③ 留学生活を終えて、帰国しようとしていた矢先に、あの人に出会ったのです。

(4) 解答 4

〜はずみに／で（動 －た・名 －の＋弾みに／で）

意味：〜の勢いで（予想しないこと、意外なことが起きた）

① 転んだはずみに、かばんの中のかぎを落としてしまったようだ。
② 衝突の弾みで、わたしたちは、前のいすに強く体をぶつけた。
③ ふとしたはずみで、ダンスを始めたけれど、今は、とても楽しいんだ。慣
④ 酔ったはずみで彼に好きだと言ってしまった。

この表現も重要 3 〜をさかいに

意味：ある時・場所が分かれ目になって

① 彼に出会った日をさかいに、わたしの人生は大きく変わった。
② この街は、線路を境に住宅地と工業地に分かれている。

(5) 解答 1

〜をきに

意味：〜をきっかけに

① 今回の入院をきに、酒もタバコもやめようと思っているんだ。
② 創業50周年を機に、会社の名前を変更することにした。
③ 離婚を機に、彼女は、住み慣れた東京から京都へと引っ越した。

この表現も重要 4 〜をたよりに

意味：〜の助けを借りて・〜に支えてもらって

① 月の光だけをたよりに・わたしたちは、山の中を進んで行った。
② 幼い頃の記憶だけを頼りに、彼は、自分の生まれた家を見つけ出した。

◇第16回　確認問題◇

(1) 当レストランでは、開店10周年を_____、メニューを大幅に変えました。

　　1　きに　　　　2　おりに　　　　3　はずみに　　　4　やさきに

(2) くしゃみをした_____に、頭を壁にぶつけてしまった。

　　1　たより　　　2　てまえ　　　　3　はずみ　　　　4　やさき

(3) 正直に言って、ジェットコースターに乗るのはこわかったが、彼女の_____、そんなことは口に出せない。

　　1　おり　　　　2　さかい　　　　3　てまえ　　　　4　やさき

(4) 先生がわたしの国にいらっしゃった_____、ご案内したい所がございます。

　　1　おりに　　　2　なみに　　　　3　てまえに　　　4　はずみに

(5) 帰ろうとしていた_____、部長に仕事を頼まれた。

　　1　のをきに　　2　とたんに　　　3　のをさかいに　4　やさきに

(6) 現在増え続けている我が国の人口は、2007年を_____、減少に転じるとみられている。

　　1　きに　　　　2　なみに　　　　3　さかいに　　　4　たよりに

(7) スターだって人間だ。人_____デートしたり、旅行したりしたいよ。

　　1　おりに　　　2　なみに　　　　3　なりに　　　　4　ふしに

(8) その学生は辞書だけを_____、日本の長編小説を読もうとしている。

　　1　さかいに　　2　たよりに　　　3　はずみに　　　4　やさきに

第17回

「こと・もの」を使った表現

◇練習問題◇

(1) テスト勉強？　一応、やった＿＿＿＿＿やったけど、ぜんぜん頭に入らなかったよ。

　　　1　ものは　　　　　　　　　　2　ことは
　　　3　ところは　　　　　　　　　4　わけは

(2) ここ2週間＿＿＿＿＿＿、忙しくてまともに食事をしていない。　　［02、03年］

　　　1　というところ　　　　　　　2　というとき
　　　3　ということ　　　　　　　　4　というもの

(3) あしたは追試験を行います。欠席した場合は進級の意志がない＿＿＿＿＿扱います。

　　　1　ものとして　　　　　　　　2　こととして
　　　3　ところとして　　　　　　　4　ばあいとして

(4) 高いお金を払って学校に通い、やっととった資格なんだ。なんとか＿＿＿＿＿。

　　　1　生かすものか　　　　　　　2　生かさないものか
　　　3　生かせるものか　　　　　　4　生かせないものか

(5) 今日は、部長もいない＿＿＿＿＿、羽を伸ばしちゃおう。　　［03年］

　　　1　ところだし　　　　　　　　2　ものだし
　　　3　ことだし　　　　　　　　　4　ばあいだし

第17回　この表現をおぼえよう！

(1) 解答 2

〜ことは〜　※〜には同じ言葉がくる

　意味：一応〜・完全ではないがだいたい〜

① この女優さん、きれいなことはきれいだけど、人気第1位になるほどじゃないと思う。
② 来週のパーティー、行くことは行くけど、正直に言うとあまり気が進まないな。
③ A：駅前で新商品のお菓子、無料で配ってたの。食べてみて。
　　B：そうねえ、おいしいことはおいしいけど、200円は高いなあ。

(2) 解答 4

〜というもの　※〜には期間を表す言葉がくる

　意味：〜のあいだずっと（後ろはマイナスの内容になることが多い）

① 彼女はここ1ヶ月というもの、学校に顔を見せていない。
② 忙しくてこの2週間というもの、一度も自炊していない。
③ この数週間というもの、記録的な猛暑が続いている。

参考　〜からというもの（動ーて＋からというもの）

　意味：〜してからずっと

① 彼女ができてからというもの、わたしの兄は服装に気を配るようになった。

(3) 解答 1

〜ものとする／〜ものとして

　意味：〜と解釈する

① だれからも意見がないので、全員が賛成したものとします。
② この英会話コースに申し込んだ学生は、基本的な会話はできるものとして扱います。

③ パンフレットの表示だと、消費税が含まれているのかわからないので、とりあえず含まれないものとして計算してみます。

(4) 解答 4

～ないものか（動－ない＋ないものか） ※可能のない形を使うことが多い

意味：～を実現することが難しいことはわかっているが、なんとか成立させたい。

① お気に入りの腕時計が壊れてしまった。なんとか直せないものかと時計屋の主人に頼み込んだ。
② 彼女は音楽を通して平和を訴えられないものかといろいろな試みを始めた。
③ うちの息子はテレビゲームに熱中している。この集中力を勉強に使えないものか。
④ この踏切はラッシュの時間には10分に1回しか開かない。どうにかならないものか。
⑤ こんな山奥で車が故障してしまった。だれか通らないものか。

参考 ～ものか

意味：絶対に～ない
① こんなに高くてまずい店、二度と来るもの（です）か。

(5) 解答 3

～ことだし

意味：～という状況なので

① 今日は雨で客も来ないことだし、早めに閉店しよう。
② 全員そろったことだし、そろそろ会議を始めましょう。
③ 日本語ができるガイドもつくことだし、このツアーは安心ですね。

◆第17回　確認問題◆

(1) 28日までにお返事がない場合は、欠席される＿＿＿＿＿＿、処理いたします。

　　1　ものだし　　　2　ことだし　　　3　ものとして　　4　こととして

(2) 仕事も終わった＿＿＿＿＿＿、みんなで一杯行こう。

　　1　ものだし　　　2　ことだし　　　3　ものとして　　4　こととして

(3) この1週間＿＿＿＿＿＿、深夜にオリンピックを見ていて、睡眠不足が続いている。

　　1　ものは　　　　2　ことは　　　　3　というもの　　4　ということ

(4) 新型のテレビか……。欲しい＿＿＿＿＿＿欲しいけど、今すぐじゃなくてもいいな。

　　1　ものは　　　　2　ものだし　　　3　ことは　　　　4　ことだし

(5) この本、読んだ＿＿＿＿＿＿読んだんだよ。内容を説明しろって言われると困るけど。

　　1　ものは　　　　2　ことは　　　　3　ものとして　　4　ことととして

(6) 母は体が弱かったが、健康体操を始めてから＿＿＿＿＿＿、顔色がよくなった。

　　1　というところ　2　というとき　　3　ということ　　4　というもの

(7) 仲間の1人が結婚することになった。今は仕事で離れ離れだが、近いうちにみんなで、＿＿＿＿＿＿。

　　1　集められないものか　　　　　2　集められないことか
　　3　集まれないものか　　　　　　4　集まれないことか

(8) 先週末は遊びに行ってお金を使っちゃった＿＿＿＿＿＿、今週はうちで本でも読むか。

　　1　というもの　　2　ものとして　　3　ことは　　　　4　ことだし

第18回

形に気をつけて

◇練習問題◇

(1) わたしがアルバイトをしている店は、1,000円でお酒、＿＿＿＿＿＿放題だよ。

　　1　のま　　　　　　　　　　2　のみ
　　3　のむ　　　　　　　　　　4　のめ

(2) 正月休み中は、＿＿＿＿＿＿眠り、＿＿＿＿＿＿眠りの生活を続けていたので、すっかり太ってしまった。　　　　　　　　　　　　　　　　　　　　［02年］

　　1　食べては／食べては　　　2　食べても／食べても
　　3　食べるが／食べるが　　　4　食べるなら／食べるなら

(3) もちろん大学には行きたいけど、受かったら＿＿＿＿＿＿、お金の問題が心配なんですよ。

　　1　受かっても　　　　　　　2　受かっては
　　3　受かったで　　　　　　　4　受かったに

(4) この本を＿＿＿＿＿＿で、どうしておもしろいかどうかわかるんですか。

　　1　読みもしない　　　　　　2　読むもしない
　　3　読みやしない　　　　　　4　読むやしない

(5) 給料が高いに越したことはないけど、＿＿＿＿＿＿のある仕事がしたいんだ。

　　1　やるがい　　　　　　　　2　やるぶり
　　3　やりがい　　　　　　　　4　やりぶり

第18回　この表現をおぼえよう！

(1) 解答 2

〜ほうだい（動－ます＋放題）

意味：制限なく自由に

① ランチバイキング。1,500円で、お好きなもの食べほうだい。
② このサービスに申し込めば、月々2,000円で、インターネットが使い放題になる。
③ あの店は、飲み物一杯で、何時間いても大丈夫。好きなマンガ、読み放題だよ。
④ 彼は、いつも他人の気持ちも考えず言いたい放題だ。（自分勝手に好きなように行動する）

(2) 解答 1

〜ては（動－て＋は）※「〜ては、〜ては」と二度繰り返されることも多い。

意味：動作や現象などが繰り返されるときに用いる。

① 子供の頃は、弟と小さいことでけんかをしては、母にしかられたものだ。
② その学生は、作文がうまく書けないらしく何か書いては消しゴムで消している。
③ このバスは、走っては止まり、走っては止まりで、なかなか前に進まない。

(3) 解答 3

〜たら〜たで

意味：〜の場合もそうじゃない場合も同じように（大変だ・困る／何とかなる・困らない）

① ずっとプロの歌手になりたかったけど、プロになったら、なったで、ＣＤを売るために、好きな歌が歌えなくなってしまった。
② 宿題はあまりやりたくないけど、少なかったら少なかったで、勉強したことの確認ができないので、心配になる。
③ お金というのは、なかったらなかったで、何とか生活できるものだよ。
④ あんなアルバイト、辞めたら辞めたで、何とかなるよ。

⑤　だめだったらだめだったで、またやり直せばいいよ。

(4) 解答　1

～もしない（動－ます＋もしない）

意味：～をまったくしない（普通なら当然するのに、しない）

① あの男、自分からわたしにぶつかったのに、謝りもしないで、行ってしまった。
② うちの猫はぜいたくなんだよ。小魚をやっても、見向きもしないんだ。
③ 先生、わたしの話を聞きもしないで、どうしてわたしだけしかるんですか。

この表現も重要　3　～やしない（動－ます＋やしない）
※可能のます形につくことが多い

意味：全然～ない
（あきらめ、怒り、軽蔑など否定的な感情をこめて用いる）

① 無理無理、うちの子は、そんないい学校に入れやしないわ。
② 客には、本当の温泉かどうかなんてわかりやしないよ。入浴剤を入れてしまおう。

(5) 解答　3

～がい（動－ます＋甲斐）

意味：～の価値がある、効果がある、報われる

① 被災地の皆さんに喜んでもらえて、我々も苦労のしがいがありました。
② そんなにおいしい、おいしいと言って食べてもらえるなら、作り甲斐があるわ。
③ 子供たちの笑顔を見ることが今のわたしの生き甲斐なんです。

この表現も重要　4　～ぶり／～っぷり（動－ます・名＋ぶり／っぷり）

意味：～している様子

① 社長の話しぶりから見ると、我が社の経営状態は、あまりよくないようだ。
② お、君、なかなかいい飲みっぷりだね。お酒、強いんだろう。

◇第 18 回　確認問題◇

(1) あの店、2,000円で_____なんだ。おすしだって、いくら食べてもいいんだよ。

　　1　食べがい　　　2　食べるがい　　　3　食べほうだい　　　4　食べるほうだい

(2) 「君たちが一生懸命勉強するから、僕も_____があるよ」と先生は言った。

　　1　おしえがい　　2　おしえぎみ　　　3　おしえぶり　　　4　おしえほうだい

(3) だれかからの連絡を待っているのか、妹は、携帯電話を_____、ため息をついている。

　　1　見たら　　　　2　見たなら　　　　3　見ては　　　　4　見ても

(4) ずっと車が欲しかったけど、_____、いろいろ金がかかって大変だ。

　　1　買うと買うで　　　　　　　　　2　買ったら買ったで
　　3　買っても買って　　　　　　　　4　買っては買って

(5) _____で、なぜうまくいかないとわかるの。一度、お見合いしてみなさい。

　　1　会いもしない　　2　会うもしない　　3　会いやしない　　4　会うやしない

(6) 工事、早く終わらないかな。毎晩、うるさくて、_____よ。

　　1　ねむれがしない　2　ねむれとしない　3　ねむれはしない　4　ねむれやしない

(7) 失敗したら_____、それもいい経験だと思うよ。挑戦してみたら。

　　1　失敗するで　　2　失敗したで　　3　失敗しては　　4　失敗しても

(8) 今日は、雨が_____やみ、_____やみのはっきりしないお天気だ。

　　1　降ったら／降ったら　　　　　2　降っては／降っては
　　3　降るなら／降るなら　　　　　4　降っても／降っても

第 19 回

くりかえして使う表現など

◇練習問題◇

(1) 彼は失敗の原因を問い詰められると、忙しい＿＿＿＿＿、知らなかった＿＿＿＿＿と言い訳を始めた。

　　1　たり／たり　　　　　　　2　なり／なり
　　3　だに／だに　　　　　　　4　だの／だの

(2) あの2人は、＿＿＿＿＿＿、＿＿＿＿＿＿、結婚するにちがいない。

　　1　遅かれ／早かれ　　　　　2　遅かろう／早かろう
　　3　遅くとも／早くとも　　　4　遅くて／早くて

(3) 彼はわたしの言うことに嫌だって言ったことがないんだ。やさしいの＿＿＿＿＿＿優柔不断なの＿＿＿＿＿＿わからないよ。

　　1　だの／だの　　　　　　　2　かれ／かれ
　　3　やら／やら　　　　　　　4　なり／なり

(4) こんな深夜の居酒屋で子供が走り回って大騒ぎしている。連れてくる親も親＿＿＿＿＿子も子だ。　　　　　　　　　　　　　　　　　　　　　　　　　　　　　[94年]

　　1　と　　　　　　　　　　　2　では
　　3　なら　　　　　　　　　　4　にして

(5) 来週の飲み会に先輩も＿＿＿＿＿＿＿、考えているところだ。

　　1　誘おうが誘うまいが　　　2　誘おうと誘うまいと
　　3　誘おうか誘うまいか　　　4　誘おうの誘うまいの

第19回　この表現をおぼえよう！

(1) 解答 4

AだのBだの

意味：AとかBとか
　　　（マイナスイメージのことをいろいろ例にあげるとき使う表現）

① あの人はいつも遅刻をしてきて、電車が遅れただの、目覚し時計が壊れただの言い訳を始める。
② 残念なことに、登山道にはペットボトルだの、ビニール袋だのが投げ捨てられていた。
③ 主人はわたしの料理に、味が濃いだの薄いだのいつも文句を言う。

(2) 解答 1

AかれBかれ

意味：AでもBでもどちらにしても
　　　（遅かれ早かれ・多かれ少なかれ←この形で覚えましょう）

① 大学3年生なので、遅かれ早かれ職を探さなければならない。
② 外国生活をしていれば、多かれ少なかれ悩みを抱えているものだ。
③ 営業部門に配属されたら、遅かれ早かれ一度は地方の支店を経験することになるだろう。

(3) 解答 3

AやらBやら［00年］※繰り返しではなく一度だけでも使う

意味1：AかBか判断できない・決まらない

① 彼女の声はとても低くて、声だけ聞くと男やら女やらわからない。
② 彼女はいつも笑っていると思ったら、うちでは泣き明かしているらしい。明るいのやら暗いのやら……。
③ 料理ができないあの子は、1人暮らしを始めてから一体何を食べているのやら。

意味2：AのようなBのような複雑な気持ちだ

① 試合に負けて、悔しいやら悲しいやらで涙がとまらなかった。
② 結婚の報告をしたら皆に祝福され、うれしいやら照れくさいやら。
③ 部屋の整理をしていたら、中学時代に自分が書いたラブレターが出てきた。懐かしいやら恥ずかしいやらで、どうしていいかわからなかった。

[参考] 意味3：～や～などいろいろで大変だ

① 時間に遅れないように車で行ったら、事故で渋滞するやら、スピード違反で捕まるやらで散々な目にあった。

(4) 解答 3

AもAならBもB ※「親子」や「夫婦」などのセットになっている名詞がくる

意味：AもBも非常識だ

① 甘やかして何でも買ってやる親も親なら、何でも欲しがる子も子だ。
② A：隣のうち、夫婦げんかで警察を呼んだんですって。
　　B：ご主人もご主人なら奥さんも奥さんよね。
③ 店長が客にそんなことを言うとは。この店は店員もいいかげんなら責任者もいいかげんだ。

(5) 解答 3

～うか～まいか

意味：～するかしないか（迷っているときの表現）

① 法廷に立ったわたしは、本当のことを言おうか言うまいか、心が揺れた。
② クラスの旅行に参加しようかしまいか、決めかねている。
③ ライバル会社から好条件で誘われている。でもその誘いに乗ろうか乗るまいか決心がつかない。

[この表現も重要] **1 ～うが～まいが／～うと～まいと**

意味：～でも～でも

① わたしに彼がいようがいまいがあなたには関係ないでしょ。答えたくないわ。
② 勉強しようとするまいとあなたの自由だが、試験の日は迫ってきているんですよ。

◇第19回　確認問題◇

(1) この病気は大事には至らないが自然には治らないので＿＿＿＿＿＿手術したほうがいい。

　　　1　遅いやら早いやら　2　遅かれ早かれ　　3　遅いだの早いだの　4　遅いなら早いなら

(2) 彼の部屋にはＣＤ＿＿＿＿＿、ビデオ＿＿＿＿＿が散らかっていて足の踏み場もない。

　　　1　だの／だの　　2　かれ／かれ　　3　なら／なら　　4　だに／だに

(3) わたしが働く工場には窓がないので、雨が降っている＿＿＿＿晴れている＿＿＿＿わからない。

　　　1　だの／だの　　2　かれ／かれ　　3　なら／なら　　4　やら／やら

(4) 政治家たちが国民の税金を不正に使ったニュースを聞き、悔しい＿＿＿＿＿＿、腹立たしい＿＿＿＿＿＿。

　　　1　だの／だの　　2　かれ／かれ　　3　やら／やら　　4　なら／なら

(5) 電話＿＿＿＿＿＿、迷ったけど、あなたに心配かけると悪いから、やめちゃった。

　　　1　するだのしないだの　　　　2　しようとするまいと
　　　3　するなりしないなり　　　　4　しようかするまいか

(6) 何、この気持ち悪い人形。買う人も買う人＿＿＿＿＿＿作る人も作る人ね。

　　　1　だの　　　　2　かれ　　　　3　なら　　　　4　やら

(7) 離れて暮らす息子から全然連絡がない。正月間近だが、帰ってくるの＿＿＿＿＿来ないの＿＿＿＿＿、見当もつかない。

　　　1　だの／だの　　2　かれ／かれ　　3　やら／やら　　4　なら／なら

(8) わたしは、日本で進学しようかしまいか＿＿＿＿＿＿。

　　　1　関係ない　　2　どちらでもいい　3　悩んでいる　　4　決まった

第20回

出題基準にある表現の確認（用法が複数のものなど）

◇練習問題◇

(1) 当店は、午後10時＿＿＿＿＿＿＿、閉店させていただきます。

　　1　にいたりまして　　　　　2　にかぎりまして
　　3　にしまして　　　　　　　4　をもちまして

(2) 電車の中で、血を吐いて倒れる＿＿＿＿＿＿＿、彼は、ようやく自分が重病であることに気づいた。

　　1　にいたって　　　　　　　2　にかぎって
　　3　にして　　　　　　　　　4　をもって

(3) うちの学校の学生＿＿＿＿＿＿＿、万引きなんてするはずがない。

　　1　にいたって　　　　　　　2　にかぎって
　　3　にして　　　　　　　　　4　をもって

(4) 昨夜は、みんな酔っぱらっちゃって大変だった。奥野＿＿＿＿＿＿＿、公園の池に飛び込んだんだよ。

　　1　にいたっては　　　　　　2　にかぎっては
　　3　にしては　　　　　　　　4　をもっては

(5) 今回のテストは、みんな、できなかったよ。クラスで一番できる優子君＿＿＿＿＿＿＿この成績では、後は言うに及ばずだ。

　　1　にいたって　　　　　　　2　にかぎって
　　3　にして　　　　　　　　　4　をもって

第20回 この表現をおぼえよう！

(1) 解答 4

〜をもって

意味1：で（時間や状況などの区切りを示すのに用いる） ※「〜をもちまして」の形が多い

① 以上をもって、本日のプログラムは、すべて終了しました。
② ただいまをもちまして、電話での受け付けは、締め切らせていただきます。

意味2：〜を用いて・〜によって（動作、行為が行われる手段や状態を表す）

① 試験の結果は、書面をもって通知いたします。
② 日本に来て、地震の恐ろしさを身をもって経験した。
③ 彼の実力をもってすれば、能力試験で満点を取ることも夢ではない。
④ そのニュースは、驚きをもって世界中に伝えられた。

(2) 解答 1

〜にいたって

意味：〜という極端な段階になってやっと

① 妻に離婚を言い出されるにいたって、彼は、家庭の大切さに気づいた。
② ことここに至っては、どうすることもできない。慣
③ 年間の赤字が1,000万円を超えるという事態に至っても、彼は、自分の経営のやり方を変えようとしなかった。（〜という極端な段階になったのに、それでも）

参考 「至る」「至り」を使ったそのほかの表現

① 家族は、皆、わたしの留学に反対で、父に至っては、「もし日本へ行くなら、親子の縁を切る」とまで言った。（もっとも極端な例をあげる）
② 空港ではかばんの中から靴の裏に至るまでチェックされた。（細かく隅々まで）
③ 女王様に食事に招かれるなんて、光栄の至りだ。（これ以上ない〜だ）

(3) 解答 2

～にかぎって

意味：～だけは特別に
（「～だけは特別で悪いことはしない」「～時だけ、特別に悪いことが起きる」の二つの用法がある）

① うちの子にかぎって、ほかの子をいじめるなんて、ひどいことはしない。
② 彼女に限って僕との約束を忘れるはずがない。
③ やっと取れた夏休み、久しぶりの海。ずっと楽しみにしていたのに、こういう日に限って雨が降るんだよね。
④ 予習をやっていない日に限って、先生に指される。

参考　「限る」「限り」などを使ったそのほかの表現
① 今夜を限りに、あなたと会うのは、やめにするわ。（～を最後にして）
② **声を限りに**、「助けて」と叫んだ。（慣 できるだけ大きい声で）
③ わたしの知る限りでは、彼はアルバイトはしていない。（～の範囲では）
④ 窓の外は、見渡す限り、銀世界だった。（見渡せるすべての範囲）
⑤ 疲れたときは、ふろに入って、寝るに限るよ。（～が一番いい）
⑥ 夏休みが2ヶ月もあるなんてうらやましい限りだ。（最高に～だと感じる）

(4) 解答 **1** → (2)の 参考 ① 参照

(5) 解答 **3**

～にして

意味1：～という段階になって
（「～は程度が高いから」または「～は程度が高いのに」という意味で用いる）

① これは、その道10年の専門家にしてはじめてわかる問題で、我々のような素人には無理だ。
② 我が社で最も優秀な彼にして、その支店の経営再建はできなかった。
③ 40歳にして、ようやく人を愛する喜びを知りました。

意味2：～という状況で

① 超高層ビルが一瞬にして崩れ落ちるのをこの目で見た。

◆第20回　確認問題◆

(1) 傘を持ってこない日＿＿＿＿＿＿、雨が降るんだから、嫌になっちゃうわ。

　　　1　にいたって　　2　にかぎって　　3　にして　　4　をもって

(2) 今の選手たちの実力＿＿＿＿＿＿すれば、金メダルも夢ではありません。

　　　1　にいたって　　2　にかぎって　　3　にして　　4　をもって

(3) 「ステージが命」だなんて、20年間コンサートを中心に活動してきたその歌手＿＿＿＿＿＿初めて言える言葉ですよね。

　　　1　にいたって　　2　にかぎって　　3　にして　　4　をもって

(4) 今回の期末テストは、どの科目もまったくダメで、読解＿＿＿＿＿＿、100点中25点しかとれなかった。

　　　1　にいたっては　　2　にかぎっては　　3　にしては　　4　をもっては

(5) わたしは、この年＿＿＿＿＿＿はじめて、海外旅行をすることになった。

　　　1　にいたって　　2　にかぎって　　3　にして　　4　をもって

(6) わたしのために、こんなすばらしい会を開いていただきまして、感激の＿＿＿＿＿＿です。

　　　1　いたり　　2　いたる　　3　かぎり　　4　かぎる

(7) みんな、いろいろ言うけど、やせたいときは、歩くに＿＿＿＿＿＿よ。

　　　1　いたり　　2　いたる　　3　かぎり　　4　かぎる

(8) 日本に来て、外国での１人暮らしの心細さを身＿＿＿＿＿＿経験した。

　　　1　にいたって　　2　にかぎって　　3　にして　　4　をもって

◇第16回〜第20回　復習問題◇

(1) 木村さんなら、一度話したことがあるから、知っている＿＿＿＿＿＿知っているよ。

　　1　ものは　　　　2　ことは　　　　3　やら　　　　4　だの

(2) あんなに何度もデートに誘った＿＿＿＿＿＿、いまさら、体調が悪くて行けなくなったとは言えない。

　　1　てまえ　　　　2　おりに　　　　3　はずみ　　　　4　やさき

(3) 届けられて半年経過した落とし物は、落とし主が必要としていない＿＿＿＿＿＿、処分します。

　　1　というもの　　2　ものか　　　　3　ものとして　　4　ものだし

(4) 友人はお酒を飲みに＿＿＿＿＿＿、携帯電話をなくしてくる。これで何回目だろう。

　　1　行くなら　　　2　行っては　　　3　行くも　　　　4　行ってや

(5) 主人からきょうは遅くなると電話があった。一体何時に帰ってくるの＿＿＿＿＿＿。

　　1　なんの　　　　2　やら　　　　　3　かれ　　　　　4　とて

(6) 当店は12月31日＿＿＿＿＿＿閉店させていただきます。長年のご利用、ありがとうございました。

　　1　にいたりまして　2　にかぎりまして　3　をもちまして　4　にしまして

(7) 娘も息子も自立してしまったので、食事の作り＿＿＿＿＿＿がなくなってしまった。

　　1　ぶり　　　　　2　がい　　　　　3　ぎみ　　　　　4　ほうだい

(8) 地図も書いてもらった＿＿＿＿＿＿、1人で行けると思います。

　　1　おりに　　　　2　やさき　　　　3　ことだし　　　4　てまえ

(9) ろくに_____で、わからないと答えるのは良くないよ。

　　1　考えもしない　　2　考えるもしない　　3　考えやしない　　4　考えるやしない

(10) 学生たちに自転車の運転について注意しようとしていた_____、事故が起きてしまった。

　　1　はずみに　　　2　やさきに　　　3　てまえに　　　4　なみに

(11) 彼女は30歳になったの_____、都心にマンションを購入したそうだ。

　　1　をたよりに　　2　をきに　　　3　をもって　　　4　をおりに

(12) この1週間_____、雨が降り続いており、農作物への影響が心配されている。

　　1　の手前　　　2　の矢先　　　3　というもの　　4　ということ

(13) 引っ越ししました。近くへお越しの_____は、ぜひお寄りください。

　　1　やさきに　　2　おりに　　　3　はずみに　　　4　たよりに

(14) 娘のために洋服を買ってきてやったのに、色がいや_____、デザインが古い_____と言って着ようとしない。

　　1　ては／ては　　2　かれ／かれ　　3　だの／だの　　4　とて／とて

(15) 声を_____に、名前を呼んだが、電車の音に消され、彼には届かなかった。

　　1　いたり　　　2　いたる　　　3　かぎり　　　4　かぎる

(16) 100パーセント楽しい仕事なんてないよ。どんな仕事でも_____、苦労はあるんじゃないかな。

　　1　多いだの少ないだの　　　　　2　多いやら少ないやら
　　3　多いなら少ないなら　　　　　4　多かれ少なかれ

付録　これもおぼえよう

(1) お正月のデパートでは、1つ10万円＿＿＿＿＿＿「福袋」が次々と売れていった。

　　　1　からある　　　2　からくる　　　3　からする　　　4　からなる

(2) 多少＿＿＿＿＿＿、あなたのお力になれるなら、喜んでお手伝いします。

　　　1　たりとも　　　2　ともなると　　3　たるもの　　　4　なりとも

(3) 彼は我が校＿＿＿＿＿＿の秀才だったの。あんな頭のいい子には初めて会ったわ。

　　　1　あって　　　　2　うって　　　　3　きって　　　　4　とって

(4) 久しぶりに東京に来たのに、仕事で忙しくて、友人にも＿＿＿＿＿＿だった。

　　　　　　　　　　　　　　　　　　　　　　　　　　　　　　　　［01年］

　　　1　会いっぱなし　2　会うまい　　　3　会えほうだい　4　会わずじまい

(5) 彼女は、5年＿＿＿＿＿＿の交際相手と結婚する決心をした。

　　　1　きり　　　　　2　ごし　　　　　3　づけ　　　　　4　どめ

(6) 先生方お2人は、学生の頃からのお知り合いで、家族＿＿＿＿＿＿のお付き合いをなさっているそうよ。

　　　1　ぐるみ　　　　2　だらけ　　　　3　ずくめ　　　　4　まみれ

(7) まだ30歳なのに、そんな年寄り＿＿＿＿＿＿ことを言わないで。

　　　1　かけた　　　　2　じみた　　　　3　っぽいの　　　4　ぬいた

(8) 彼女は、若いのに＿＿＿＿＿＿、とてもしっかりした女性だね。

　　　1　およばず　　　2　すぎず　　　　3　とどまらず　　4　にあわず

(9) 社長に＿＿＿＿＿＿社内のルールを守らないのだから、ほかの社員がルールを重んじるべくもない。

    1　あってからが　　2　あったからが　　3　してからが　　4　したからが

(10) 彼女は、1人で子供を育てている＿＿＿＿＿＿、病気の父の世話もしている。
[01年]

    1　だけか　　　　2　だけに　　　　3　のみか　　　　4　のみに

(11) 酒に酔った勢いで、つい言わず＿＿＿＿＿＿のことを言ってしまった。
[00年]

    1　じまい　　　　2　べく　　　　　3　まで　　　　　4　もがな

(12) 確かにあの人が次の部長になる可能性は＿＿＿＿＿＿だ。

    1　あらんかぎり　　　　　　2　とりもなおさず
    3　なきにしもあらず　　　　4　なるべからざる

(13) 友人が「奥さんそっくり」だなんて言うから会ってみたが、死んだ妻とは、＿＿＿＿＿＿人だった。

    1　にたらについた　2　にてもにつかず　3　にるとにつくの　4　にてもにつかぬ

(14) 彼女は、どうもわたしのことを避けている＿＿＿＿＿＿がある。

    1　ふし　　　　　2　ふり　　　　　3　まし　　　　　4　まで

(15) この国の福祉制度の充実ぶりは、我が国とは＿＿＿＿＿＿にならない。

    1　くらべごと　　2　くらべもの　　3　くらべどころ　　4　くらべよう

(16) キャンプに行ってテントに寝たら、蚊がすごくて寝る＿＿＿＿＿＿ではなかった。

    1　くらいのさわぎ　2　どころのさわぎ　3　ばあいのさわぎ　4　ほどのさわぎ

解答と意味用法

(1) 3　〜からする→〜くらいか、それ以上。値段が大きいことを表す。

　　参考　1　〜からある→〜くらいか、それ以上。数字が大きいことを表す。

　＊彼は、1本、5万円からするワインを毎日のように飲んでいる。
　＊彼女は5キロからある道を歩いて通学していた。

(2) 4　〜なりとも→あまり多くはないが・期待通りではないが、〜くらいは

　＊一目なりともあなたの姿を見たい。

(3) 3　〜きっての→〜の中で最も優れている

　＊彼は、うちの社きってのセールスマンで、営業成績はいつもトップなんだ。

(4) 4　〜ずじまい→〜をしないまま、終わってしまった。残念だ。

　＊ずっと彼女が好きだったけど、気持ちを言わずじまいで卒業してしまった。

(5) 2　〜ごし→〜の間ずっと続いていた

　＊3年越しの企画がようやく実現しそうだ。

(6) 1　〜ぐるみ→〜いっしょに、〜をふくんですべて

　＊その米軍基地の建設問題は、町ぐるみの対立へと発展した。

(7) 2　〜じみる→いかにも〜のような感じがする・〜のように見える

　＊いい年をして子供じみたことを言うな。

(8) 4　〜ににあわず→〜に合っていない・〜にふさわしくない

　＊おや、君に似合わず、弱気なことを言うね。何かあったのか。

(9) 3　～にしてからが→～でさえそうなのだから、ほかはもちろん

　＊監督にしてからが無理だと言っているのだから、優勝なんてできるはずがない。

(10) 3　～のみか→～だけでなく

　＊その事件で、彼は、仕事のみか、家族も失った。

(11) 4　いわずもがな→言わない方がいい・言う必要がない。

　＊部長は、皆の前で時々、言わずもがなのことを言うので、困っているんだ。

(12) 3　なきにしもあらず→ないわけではない。少しはある

　　参考　2　とりもなおさず→～は～に等しい。すなわち

　＊成功する可能性はなきにしもあらずといったところだね。
　＊フリーターの増加は、とりもなおさず、税収が減ることを意味します。

(13) 4　にてもにつかぬ→まったく似ていない

　＊後ろ姿を見て追いかけたが、実際は初恋の人とは似ても似つかぬ顔をしていた。

(14) 1　～ふしがある→～という様子がある

　＊あの男の言動には、怪しいふしがある。彼が犯人ではないか。

(15) 2　～とはくらべものにならない→比べられないほど一方が優れている

　＊インターネットの影響力は、以前とは比べものにならないほど大きい。

(16) 2　～どころのさわぎではない→～のような（のんきな）ことをしている状況ではない

　＊今年の夏は、本当に忙しくて、旅行どころの騒ぎではなかった。

総まとめ問題　模擬試験編

(1) お金の問題＿＿＿＿＿＿、まずスケジュールに無理がないか検討しよう。

　　1　はさておき　　2　はいざしらず　　3　をとわず　　4　をよそに

(2) 中山先生＿＿＿＿＿＿があんな子供のうそにだまされるなんて、どうかしていたんでしょう。

　　1　とあってのものが　　　　　　2　としたものが
　　3　ともあろう人が　　　　　　　4　とした人が

(3) 今週なら＿＿＿＿＿＿来週は、予定がいっぱいだからな。会う時間があるかどうか。

　　1　こそすれ　　2　からこそ　　3　まだしも　　4　までして

(4) うるさいなあ。勉強に集中できないからすこし黙っていて＿＿＿＿＿＿よ。

　　1　みろ　　2　みせろ　　3　くれろ　　4　くれ

(5) 将来、有名な歌手になって、みんなをあっと＿＿＿＿＿＿みせるぞ。

　　1　言って　　2　言われて　　3　言わせて　　4　言わされて

(6) もっと設備のいい病院に＿＿＿＿＿＿なら、祖父は助かっただろうに。

　　1　運ばれる　　2　運ばれた　　3　運ばれて　　4　運ばれていよう

(7) 買い物に行ったが、これ＿＿＿＿＿＿気に入ったものがなかったので、何も買わずに帰ってきた。

　　1　という　　2　といって　　3　といわず　　4　といったら

(8) 社内旅行の希望を聞いたところ、伊豆や箱根＿＿＿＿＿＿温泉に人気が集まった。

　　1　といって　　2　ときて　　3　といった　　4　とした

(9) 調査の結果を_____、中高年の夫婦向けの旅行プランを企画した。

　　1　かかって　　2　のっとって　　3　ひかえて　　4　ふまえて

(10) 期限までにレポートを提出するのは、まじめな田中さん_____だろう。

　　1　くらいのもの　　2　ばかりのもの　　3　くらいのこと　　4　ばかりのこと

(11) 本当は検査で異常なかったのに、あと半年の命だなんて言って心配させて。うそにも_____わよ。

　　1　ほどがある　　2　までがある　　3　ほどがない　　4　までがない

(12) 課長に昇進したと同時に責任も重くなる。喜んで_____。

　　1　ばかりいられる　　　　2　ばかりはいられない
　　3　までいられる　　　　　4　までいられない

(13) 区民図書館へ行けば、地名に_____おもしろい話が載った本がある。

　　1　かける　　2　かまける　　3　まつわる　　4　めんする

(14) あなたの人生_____最大の失敗は何か話してください。

　　1　にあたる　　2　における　　3　にかかる　　4　にかねる

(15) こんな厳重な戸締まりも、プロの手に_____、いとも簡単に開けられてしまうんだね。

　　1　かかっては　　2　かけては　　3　ついては　　4　つけては

(16) 1回_____2回会ったくらいでは、その人がどんな人か理解するのは難しい。

　　1　に　　2　や　　3　と　　4　も

(17) 明日、台風17号が九州地方に上陸する＿＿＿＿＿＿＿います。警戒が必要です。

　　1　と見せて　　　2　と見られて　　　3　と見させられて　　　4　と見せられて

(18) 早く彼と結婚したいけど、＿＿＿＿＿＿＿、家族の問題とか、仕事のこととか悩みが出てくるんだろうなあ。

　　1　結婚してもして　　　　　　　2　結婚したらしたで
　　3　結婚しようかしまいか　　　　4　結婚しようがしまいが

(19) 中村君ときたら、出張＿＿＿＿＿＿＿、京都にいる恋人に会ってたんだって。許せないわね。

　　1　にかまけて　　2　にかこつけて　　3　にのっとって　　4　にまつわって

(20) 求人広告を出したら、来る＿＿＿＿来る＿＿＿＿、300人近い応募があったんだ。

　　1　な／な　　　2　ね／ね　　　3　よ／よ　　　4　わ／わ

(21) 少なくても、もらえる＿＿＿＿＿＿＿よ。うちの会社なんて、残業手当ゼロよ。

　　1　だけまし　　　2　だけためし　　　3　ほどまし　　　4　ほどためし

(22) 電車が急ブレーキで止まった＿＿＿＿＿＿＿、隣の人の足を踏んでしまった。

　　1　やさきで　　　2　はずみで　　　3　おりで　　　4　てまえで

(23) 甘やかされて育った彼は、いつも自分のやりたい＿＿＿＿＿＿で、皆に迷惑をかける。

　　1　はずみ　　　2　やさき　　　3　てまえ　　　4　ほうだい

(24) あの人は本当に頑固だから、アドバイスをしても＿＿＿＿＿＿＿よ。無駄、無駄。

　　1　聞きをしない　　2　聞きにしない　　3　聞きやしない　　4　聞きのしない

(25) その学生は、できるのに、わざと間違えている_____があるんですよ。
我々、教師を試しているんじゃないかな。

　　1　かい　　　　2　すべ　　　　3　はめ　　　　4　ふし

(26) 我が社の新しいプリンターは、早さも美しさもこれまでの製品とは_____。

　　1　くらべものにならない　　　2　このうえない
　　3　さしつかえない　　　　　　4　はばからない

(27) うちは、みんな個人主義なんだ。両親_____休日も別行動だからね。

　　1　としてからが　　2　としたことが　　3　にしてからが　　4　にしたことが

(28) 封筒に書いてある住所を_____、文通している友だちに会いに行った。

　　1　きに　　　　2　はずみに　　　3　たよりに　　　4　てまえに

(29) 彼女のピアノの腕前は、プロ_____で、驚いた。

　　1　おり　　　　2　ぶり　　　　3　がい　　　　4　なみ

(30) 早く家を出た日_____、電車が遅れていつもと同じ出社時間になっちゃう
なんてついてないなあ。

　　1　にいたって　　2　にかぎって　　3　をもって　　4　をして

(31) 面接のとき、多少_____、自分をよく見せたいのは当然のことだよ。

　　1　たるもの　　　2　ならでは　　　3　ながらに　　　4　なりとも

(32) ジョン・レノンの死は、大きな悲しみ_____世界中に伝えられた。

　　1　をもって　　　2　をきに　　　3　をたよりに　　　4　をはずみに

総まとめ問題　実践編

｛　｝の中の正しいものを選びなさい。

（１）留学生同士の会話（１）～能力試験後のある日……

ヤン：ねえ、リーさんどうだった、今年の能力試験の問題。
リー：もう、難しかった｛a．のなんの　b．かなんか｝って。特に文法がね。
　　　答えを書いた｛a．ものは　b．ことは｝書いたけど、自信があるのは半分ぐらい
　　　だなあ。
ヤン：うん。ぼくも。先生と話したんだけど、出題基準にない表現がいっぱい出てたん
　　　だって。
リー：そうなんだ。
ヤン：これじゃあ、みんなができ なくても｛a．むり　b．はめ｝はないって。
リー：ひどいね。
ヤン：１つ｛a．も　b．や｝２つならいざしらず、10個以上もそんな問題が出ていたら
　　　だれもいい点｛a．取れもしない　b．取れやしない｝よ。
リー：本当だね。何かいい本ないかなあ。

（２）キャンパス内での会話（１）～さそう

真美：上田君、どうしたの。元気ないね。
上田：ああ、さっき、駅の階段で転んでね、その｛a．はずみ　b．やさき｝に、めがね、
　　　壊れちゃったんだよ。
真美：何よ、それくらい。わたしなんてね、昨日、駅でかさをなくす｛a．や　b．わ｝、
　　　携帯電話は落とす｛a．や　b．わ｝、最悪だったんだから。まあ、いいや。そん
　　　なことで落ち込んでいないで、焼肉、食べに行こうよ。ほら、駅前の店、今ならラ
　　　ンチタイムで、｛a．食べがい　b．食べほうだい｝だよ。
上田：え、だって、一昨日も行ったばかりでしょう。好きだなあ。
真美：悪い？　わたしは、食べることが｛a．生きがい　b．生きるがい｝なの。
上田：まったく、君に｛a．かかっては　b．かけては｝、牛も真っ青だね。
真美：ひどい。じゃあ、いいわ。１人で行くから。死ぬほど食べて｛a．くれる
　　　b．やる｝。
上田：ちょっと待って。ほかならぬ真美さんの誘い｛a．とあれば　b．にあれば｝行か
　　　ないわけにはいかないよ。

（３）キャンパス内での会話（２）～レポートについて。

リン：ヤンさん、おはよう。元気？　何だか眠そうね。
ヤン：心理学のレポート書いてたんだ。昨日は、経済学のテストだったし、この１週間

　　　　　{a．ということ　b．というもの}、毎日3時間くらいしか寝ていないんだ。奥田先生の講義、おもしろいんだけど、毎週、こうレポートが多くては{a．かぎらない　b．かなわない}な。

リン：先月も今月も20枚だもんね。それに、あの先生、厳しいから、もし、1つでも、出さないと単位を落とされないとも{a．かぎらない　b．かなわない}しね。

ヤン：まったくだよ。で、リンさんは、もう出したの。

リン：うん、先週。早いに{a．かぎることは　b．こしたことは}ないと思って。研究室に持っていったら、先生にほめられちゃった。

ヤン：え、先週！　すごいなあ。

リン：すごくも{a．なんとも　b．なにものでも}ないわ。学生なら当然よ。

ヤン：当然か……。僕もがんばらなくちゃ。……あーあ、眠い。

リン：だいじょうぶ？あの先生、授業中の態度も厳しいよ。居眠りなんかしたら、大変だから。

ヤン：わかってる{a．ったら　b．なら}。授業の前にコーヒーでも飲んでこよう。

（4）アルバイト先で

学生：店長、すみません、お話があるんですが。

店長：おう、何{a．かい　b．だい}。

学生：実は、夏休みに国へ帰りたいので、2週間ほど休ませていただきたいんです。

店長：え、2週間？　1週間なら{a．さておき　b．まだしも}、2週間はちょっとなあ。今度、ちゃんと休みをやるから、夏休みは何とかならないか。

学生：店長、いつも、今度、今度って、今まで1度も休みをくれた{a．おぼえ　b．ためし}がないじゃないですか。

店長：うーん、しかし、君だって、うちの店、今、手が足りないの、知ってるだろう。

学生：でも、この前、女の子たちには、10日以上休みをあげたでしょう。なのに、何で僕だけ。こんなの、差別以外の{a．なにごと　b．なにもの}でもありませんよ。

店長：何！　差別だって。ふざけるな。そんなに言うなら、お前は首だ。

学生：わかったよ。こんな店、いつでもやめて{a．みせる　b．やる}。

（5）旅行先からの手紙

　　夏美先輩。お気ですか。スイス旅行、3日目の夜。今日は、昨日までの雨とは{a．うってかわって　b．てらして}、すばらしいお天気でした。朝、サンモリッツという街を散歩した後、氷河特急に乗って、ここツェルマットにやってきました。窓の外の風景は、本当にきれいでした。あんな美しい景色は生まれて初めて見たと言っても{a．かごん　b．さわぎ}ではありません。部長に無理を言って、お休みをいただいた{a．かい　b．きり}がありました。先輩にもいろいろ手伝っていただいて、感謝しています。すてきなお土産を買って帰りま

すから、楽しみにしていてくださいね。では。2004年7月1日スイス {a．とて b．にて}。浜田かずえ

（6）居酒屋での会話～部長と部下

部下：かんぱい！……部長、先月入院なさいましたよね。お体、もういいんですか。
部長：ああ、検査のために、ちょっと入院しただけだ。このところ、仕事の忙しさ {a．にかまけて b．にのっとって}、健康診断もサボっていたからね。心配には {a．およばない b．しのびない} よ。
部下：そうですか。気をつけてくださいね。部長に何かあったら、僕たち、本当に困るんですから。
部長：ありがとう。しかし、組織というものは、何があっても、動くものなんだ。僕が {a．いなかったらいなかったで b．いないといないで} 何とかなるんだよ。田中君だっているし。
部下：何、言ってるんですか。部長、僕が田中課長と合わないのご存知でしょう。あの人の下で働くなら、やめたほうが {a．ふし b．まし} ですよ。
部長：そんなこと言うもんじゃない。彼は、以前、我が社 {a．あって b．きって} の営業マンだったんだぞ。君も見習うところが多いはずだけどな……。
部下：それは、そうですけど。あんな思いやりがなくて、自己本位な人……。おれ、いつかあの人の成績を抜いて {a．みえ b．みせ} ますからね。
部長：こら、落ち着きなさい。まあ、飲み {a．だい b．たまえ}。

（7）ニュース

　今朝、東京都庁内でたくさんのいたずら書きが見つかり、騒ぎになりました。都知事室では、窓 {a．という b．といわず} 窓に花の絵がかかれており、その数は、100以上に及びました。……東京都では、1週間後に世界レイシズム会議を {a．かねて b．ひかえて}、テロ対策などを強化していた {a．てまえ b．やさき} で、関係者は、ショックを受けています。都知事室には、花のほかに石橋知事に対するメッセージもかかれており、知事個人に恨みを持つ者による犯行の可能性もあると {a．見させて b．見られて} います。これを見た知事は、子供 {a．じみている b．ぶっている}。人のことをバカにするにも {a．かぎり b．ほど} があると、怒りに体を震わせていました。

（8）留学生同士の会話（2）～テレビ番組について

ハン：見た？きのうのテレビ。あの体の不自由な人の……。
スフ：ああ、見た見た。いろいろ {a．考えさせた b．考えさせられた} よ。あの人偉いなあ。
ハン：わたしも感動 {a．されちゃった b．しちゃった}。わたしなんてこんなに元気なのにバイトが忙しい {a．だに b．だの}、親が何もしてくれない {a．だに

　　　　b．だの｝文句ばかり言ってたわ。
スフ：そうだよ、産んでもらったことに感謝 ｛a．さておき　b．こそすれ｝、ご両親を
　　　悪く言うなんてよくないよ。
ハン：そうね。これを ｛a．きに　b．おりに｝、気持ちを入れ替えてかんばるわ。

おわりに

　みなさん、これをもってこの問題集での勉強は終わりです。この問題集での勉強を通してみなさんが少しでも上達してくれたら、作りがいがあったというものです。この問題集を作った理由の一つは、能力試験対策ですが、それにとどまらず、正しく豊かな日本語を身につけられるように努力を重ねてください。

解答

第1回　確認問題 (p.10)
（1）2　（2）2　（3）2　（4）1　（5）3　（6）2　（7）2　（8）4

第2回　確認問題 (p.14)
（1）4　（2）1　（3）3　（4）2　（5）1　（6）4　（7）3　（8）1

第3回　確認問題 (p.18)
（1）1　（2）1　（3）4　（4）3　（5）4　（6）1　（7）1　（8）4

第4回　確認問題 (p.22)
（1）2　（2）3　（3）4　（4）3　（5）1　（6）2　（7）4　（8）2

第5回　確認問題 (p.26)
（1）3　（2）4　（3）4　（4）1　（5）2　（6）3　（7）4　（8）3

第1回〜第5回　復習問題 (p.27)
（1）2　（2）2　（3）3　（4）4　（5）4　（6）3　（7）2　（8）1
（9）4　（10）2　（11）4　（12）4　（13）2　（14）4　（15）4　（16）3

第6回　確認問題 (p.32)
（1）4　（2）2　（3）2　（4）3　（5）1　（6）2　（7）4　（8）4

第7回　確認問題 (p.36)
（1）4　（2）4　（3）3　（4）2　（5）1　（6）4　（7）2　（8）4

第8回　確認問題 (p.40)
（1）3　（2）3　（3）4　（4）2　（5）3　（6）3　（7）1　（8）4

第9回　確認問題 (p.44)
（1）2　（2）4　（3）4　（4）3　（5）2　（6）3　（7）4　（8）4

第10回　確認問題 (p.48)
（1）2　（2）3　（3）1　（4）4　（5）2　（6）3　（7）2　（8）4

第6回～第10回　復習問題 (p.49)

（1）2　（2）1　（3）4　（4）1　（5）3　（6）2　（7）3　（8）3
（9）4　（10）2　（11）3　（12）3　（13）2　（14）1　（15）4　（16）2

第11回　確認問題 (p.54)

（1）1　（2）4　（3）2　（4）2　（5）3　（6）4　（7）3　（8）3

第12回　確認問題 (p.58)

（1）3　（2）2　（3）3　（4）3　（5）4　（6）4　（7）1　（8）4

第13回　確認問題 (p.62)

（1）1　（2）2　（3）3　（4）3　（5）1　（6）2　（7）4　（8）3

第14回　確認問題 (p.66)

（1）3　（2）2　（3）4　（4）3　（5）4　（6）4　（7）3　（8）2

第15回　確認問題 (p.70)

（1）3　（2）3　（3）1　（4）1　（5）2　（6）1　（7）4　（8）3

第11回～第15回　復習問題 (p.71)

（1）3　（2）1　（3）3　（4）3　（5）2　（6）4　（7）2　（8）3
（9）2　（10）2　（11）4　（12）3　（13）2　（14）2　（15）1　（16）1

第16回　確認問題 (p.76)

（1）1　（2）3　（3）3　（4）1　（5）4　（6）3　（7）2　（8）2

第17回　確認問題 (p.80)

（1）3　（2）2　（3）3　（4）3　（5）2　（6）4　（7）3　（8）4

第18回　確認問題 (p.84)

（1）3　（2）1　（3）3　（4）2　（5）1　（6）4　（7）2　（8）2

第19回　確認問題 (p.88)

（1）2　（2）1　（3）4　（4）3　（5）4　（6）3　（7）3　（8）3

第20回　確認問題 (p.92)

(1) 2　(2) 4　(3) 3　(4) 1　(5) 3　(6) 1　(7) 4　(8) 4

第16回～第20回　復習問題 (p.93)

(1) 2　(2) 1　(3) 3　(4) 2　(5) 2　(6) 3　(7) 2　(8) 3
(9) 1　(10) 2　(11) 2　(12) 3　(13) 2　(14) 3　(15) 3　(16) 4

総まとめ問題　模擬試験編 (p.99)

(1) 1　(2) 3　(3) 3　(4) 4　(5) 3　(6) 2　(7) 2　(8) 3
(9) 4　(10) 1　(11) 1　(12) 2　(13) 3　(14) 2　(15) 1　(16) 2
(17) 2　(18) 2　(19) 2　(20) 4　(21) 1　(22) 2　(23) 4　(24) 3
(25) 4　(26) 1　(27) 3　(28) 3　(29) 4　(30) 2　(31) 4　(32) 1

総まとめ問題　実践編 (p.103)

(1) a, b, a, b, b
(2) a, b, b, b, a, a, b, a
(3) b, b, a, b, a, a
(4) b, b, b, b, b
(5) a, a, a, b
(6) a, a, a, b, b, b, b
(7) a, b, b, b, a, b
(8) b, b, b, b, b, a

索引

あ

～いがいのなにものでもない　12
～うか～まいか　87
～うが～まいが／～うと～まいと　87
受身を使った慣用表現　61
～おぼえはない［1］　16
～おぼえはない［2］　17
～おりに（は）　74

か

～かい？　24
～がい　83
～かいがある／～かいがない　9
～からいいようなものの　43
～からというもの　78
AかれBかれ　86
～きりがない　16
～くもなんともない　12
～くらいなら　68
～くらいのものだ　68
～くれ　53
～こそすれ　46
～ことこのうえない　21
～ことだし　79
～ことは～　78
これといって～ない　38

さ

使役受身　60
使役を使った慣用表現　60, 61
助詞の重なり　65
～すべがない　9

た

～だい？　24
～だけまし　20
AだのBだの　86
～たまえ　25
～たまるか　53
～ためしがない　8
～たら～たで　82
～ってば／～ったら　24
～つもりで　56
～て（は）かなわない　17
～ては　82
～てはばからない　20
～てまえ　74
～てもさしつかえない／～でもさしつかえない　16
～でもなんでもない　13
～と　65
～とあれば　42
～という～　38
～というか～というか　39
～というもの　78
～といった　38
～といってもいいすぎではない／～といっても過言(かごん)ではない　8
～といわず～といわず　39
～と（は）うってかわって　35
～ときたひには　42
～とされている　57
～としたことが　43
～とて　65
～となると　56
～とはかぎらない　13
～とみえて　56
～とみられている　56
～ともあろう人／者が　42

な

〜ないともかぎらない　13
〜ないものか　79
〜なみ　74
〜なら　57
〜に〜［1］　64
〜に〜［2］　64
〜にいたって　90
〜にいわせれば　39
〜におかれましては　43
〜における　34
〜にかかっては　31
〜にかぎったことではない　13
〜にかぎって　91
〜にかこつけて　30
〜にかまけて　30
〜にこしたことはない　9
〜にして　91
〜にしのびない　17
〜にて　65
〜にてらして　31
〜にとどまらず　30
〜にのっとって　35
〜にはおよばない　12
〜にまつわる　34
〜にもほどがある　69
〜のける　53
〜のなんの　24
〜のもむりはない　16

は

〜ばあいではない　21
〜はいうにおよばず　47
〜ばかりだ　69
〜ばかりは（も）いられない　69
〜はさておき　46

～はずみに／で　75
～は／ならいざしらず　46
～は／ならまだしも　46
～はめになる　20
～ぶり／～っぷり　83
～べくもない　8
～ほうがまし　20
～ほうだい　82

ま

～まで　68
～までして　68
～まま（に）　57
～みせる　52
～みろ　52
～もしない　83
AもAならBもB　87
～ものか　79
～ものとする／～ものとして　78

や

～や［1］　64
～や［2］　64
～やさき（に）　74
～やしない　83
AやらBやら　86
～やる　52

ら

れる／られる（自発の用法）　60

わ

～わ～わ　25
～を～にひかえて／～に～をひかえて　30
～をおして　34
（～と）～をかねて　34
～をきに　75

〜をさかいに 75
〜をぜんていに（して） 47
〜をたよりに 75
〜をなおざりにして 47
〜を〜にひかえて／〜に〜をひかえて 30
〜をふまえて 35
〜をへて 31
〜をもって 90

著者略歴

落合太郎（おちあい　たろう）　国書日本語学校講師
原　直美（はら　なおみ）　国書日本語学校講師

ハイスコア文法1級──日本語能力試験で差をつける出題基準外の表現

2004年10月25日　初版第1刷発行

著　者　落合　太郎
　　　　原　　直美
発行者　佐藤今朝夫

〒174-0056　東京都板橋区志村1-13-15
発行所　株式会社　国書刊行会
TEL 03（5970）7421　FAX 03（5970）7427
http://www.kokusho.co.jp

組版（株)キャップス・印刷（株)エーヴィスシステムズ・製本（合)村上製本所
落丁本・乱丁本はお取替いたします。
ISBN 4-336-04657-3

―― 日本語能力試験対策問題集　好評既刊 ――

日本語能力試験に出る文法　1級
松岡龍美・辻信代　　定価：1328円　　ISBN4-336-03760-4

日本語能力試験に出る文法　2級
松岡龍美・辻信代　　定価：1533円　　ISBN4-336-03761-2

日本語能力試験に出る漢字　1級
松岡龍美　　定価：1428円　　ISBN4-336-03762-0

日本語能力試験に出る漢字　2級
松岡龍美　　定価：1838円　　ISBN4-336-03763-9

日本語能力試験に出る文字・語彙　1・2級
松岡龍美　　定価：1638円　　ISBN4-336-03764-7

日本語能力試験に出る読解　1級
久保三千子・下村彰子　　定価：1680円　　ISBN4-336-04096-6

日本語能力試験直前対策　文法1級
国書刊行会　　定価：1334円　　ISBN4-336-03876-7

日本語能力試験直前対策　文法2級
国書刊行会　　定価：1334円　　ISBN4-336-03877-5

日本語能力試験直前対策　文法3級
国書刊行会　　定価：1260円　　ISBN4-336-04049-4

日本語能力試験直前対策　文字・語彙1級
国書刊行会　　定価：1334円　　ISBN4-336-03878-3

日本語能力試験直前対策　文字・語彙2級
国書刊行会　　定価：1334円　　ISBN4-336-03879-1

日本語能力試験直前対策　文字・語彙3級
国書刊行会　　定価：1260円　　ISBN4-336-04050-8

●価格は、本体価格と消費税（5％）を含む定価表示です。